Klaus Stenzel

Englisch Translation Practice 9./10. Klasse

unterrichtsbegleitend
und für die Vorbereitung
auf Prüfungen

Stark-Verlag

ISBN: 3 - 89449 - 001 - 2

Inhalt

Autor: Klaus Stenzel, Ostalb-Gymnasium Bopfingen

Vorwort

Der Benutzer dieses Heftes erwartet, daß er ein Übungsheft erhält, um Übersetzungen aus dem Englischen besser zu meistern.

Das vorliegende Heft versucht, diesem Anspruch dadurch gerecht zu werden, daß es in sieben Kapiteln eine Fülle von Übungssätzen zu den Grammatikgebieten anbietet, die bei der Übersetzung aus dem Englischen erfahrungsgemäß Schwierigkeiten bereiten.

Die einzelnen Grammatikbereiche werden in ihren Schwierigkeiten mit Blick auf die Herübersetzung kurz dargestellt. Danach werden die einzelnen Übersetzungsmöglichkeiten beispielhaft vorgeführt. Im Anschluß daran finden sich die Übungssätze. Diese sind vom Wortschatz her entlastet, so daß sich der Übende ganz auf die Herübersetzung konzentrieren kann und nicht noch auf zusätzliche Übersetzungsschwierigkeiten beim Vokabular stößt.

Dazu kommen im unteren Teil jeder Seite einzelne Wörter und Wendungen mit Beispielsätzen, die bei Übersetzungen aus dem Englischen erfahrungsgemäß ebenfalls Schwierigkeiten bereiten. Diese Wörter und Wendungen werden immer wieder zur Wiederholung aufgegriffen.

Der Umfang des Heftes bringt es mit sich, daß einiges ausgespart werden mußte. So kann der für Herübersetzungen auf der Sekundarstufe nötige Wortschatz bestimmter Wortfelder hier nicht umgewälzt und geübt werden. (Für Bedürfnisse dieser Art sei auf folgenden Titel verwiesen: *G. Achhammer. Englisch-Wortschatzübung für Realschulen. Freising. Stark-Verlag, 1983, Nr. 1555.)* Des weiteren werden auch grundlegende Grammatikkenntnisse vorausgesetzt. Hier sei der Benutzer auf seine Englisch-Grammatik verwiesen. Diese Funktion erfüllen auch die Grammatikverweise in den einzelnen Kapiteln.

Der Autor

Hinweise

Zur Arbeit mit diesem Heft

Dieses Übungsheft ist in Kapitel und Teilkapitel gegliedert. Es kann vom Anfang bis zum Ende durchgearbeitet werden, ebenso ist es aber auch möglich, die Kapitel, die speziell geübt werden sollen, herauszugreifen und zu bearbeiten.

Bei beiden Möglichkeiten empfiehlt es sich, jedes Kapitel Seite für Seite durchzuarbeiten. Jede Seite führt am unteren Teil in einem Kasten Beispielsätze mit jenen Wörtern und Wendungen auf, die einem beim Übersetzen oft zusätzliche Schwierigkeiten bereiten wie z.B. *already* und *almost*, *(to) look for* und *look forward to* oder *eventually* und *(to) become.* Sie sind zweispaltig angeordnet, so daß die Kenntnis dieser Wörter und der dazugehörigen Sätze durch Abdecken der einen Hälfte überprüft und trainiert werden kann. Dazuhin tauchen diese Wörter und Wendungen meist auch in den Übungssätzen der Folgeseiten auf.

Die Grammatikverweise wie z.B.

Relative clauses
Relativsätze

sind an den Stellen eingebaut, wo beim einen oder anderen der Blick in ein Grammatik-Lehrbuch der englischen Sprache etwas verblaßte Grammatik-Kenntnisse auffrischen könnte. Die Hinweise sind zweisprachig, da sowohl einsprachige als auch zweisprachige Grammatik-Ausgaben in Gebrauch sind.

Bei den Übungssätzen empfiehlt es sich (zumindest beim ersten Durchgang durch das Kapitel), die Übersetzungen der Übungssätze schriftlich anzufertigen und danach erst diese mit den Lösungsvorschlägen im Lösungsteil zu vergleichen. Die vorgeschlagenen Lösungen im Lösungsteil haben Beispielcharakter und schließen weitere richtige Übersetzungen nicht aus.

Die Übersetzung ganzer Texte

Alle folgenden Kapitel versuchen, einzelne englische Konstruktionen und ihre Schwierigkeiten beim Übersetzen ins Deutsche an Einzelsätzen vorzustellen und deren Übersetzung schrittweise zu trainieren.
Selbstverständlich treten diese Konstruktionen nicht isoliert, sondern in Textzusammenhängen auf. Es würde aber den Rahmen dieses Heftes sprengen, sollte auch noch die Übersetzung ganzer Texte in das Trainingsprogramm einbezogen werden.
Dazu liefert jedes Lehrbuch sicherlich genügend Übungsmaterial, das den Wortschatzkenntnissen des einzelnen Lerners angepaßt ist.
Deshalb sollen die folgenden Arbeitsschritte gewissermaßen als Tips verstanden werden, wie man an einen längeren Übersetzungstext herangehen könnte.

Tips für die Herübersetzung

1. Schritt: Erstes Durchlesen

- Leitfrage: Worum geht es in diesem Text?

2. Schritt: Zweites Durchlesen

- Leitfrage: Wie ist der Text gedanklich gegliedert?
  wird in jedem Teil/Abschnitt angesprochen?
  Markiere Textstellen, die du noch nicht verstanden hast.

3. Schritt: Rohübersetzung

- Übersetze die Sätze oder Teile von Sätzen, die dir ganz klar sind.
  Lasse aber für die unklaren Stellen ausreichende Lücken.
  Schreibe (nach Möglichkeit) mit großem Zeilenabstand und breitem Rand, damit Durchstreichungen, Verbesserungen und Umstellungen leicht vorgenommen werden können.

4. Schritt: Feinarbeit

- Versuche, die Bedeutung nicht bekannter Wörter aus dem Satz- und Textzusammenhang zu erschließen.
- Überprüfe, ob bei der Rohfassung der Sinn einzelner Wörter und Wendungen genau zum Text paßt. Oft kennt man die Grundbedeutung eines Einzelwortes, hat aber nicht die für den Text angemessene deutsche Entsprechung parat.
  Hier ist oft das nochmalige langsame Durchlesen und Durchdenken des gesamten Textes hilfreich.
- Übersetze die Überschrift zum Schluß.
  Ob die Übersetzung der Überschrift richtig ist, kann man oft nur dann entscheiden, wenn man - durch die Übersetzung - den Text sehr genau kennt.
- Wenn es dir möglich ist, fertige erst danach die eigentliche Reinschrift.

1 Infinitive / Infinitive clauses

A Erläuterungen

Anders als im Englischen steht der Infinitiv im deutschen Satz am Ende der Infinitivgruppe.

It's very nice of you	*to send me a birthday card.*
Es ist sehr nett von dir,	mir eine Geburtstagskarte zu schicken.
Please try	*not to forget your homework again.*
Bitte versuche,	deine Hausaufgaben nicht wieder zu vergessen.
	Infinitivgruppe

Außerdem trennt man im Deutschen die erweiterte Infinitivgruppe durch Komma(s) ab.

Infinitive clauses
Satzwertige Infinitive

Ließe sich jede englische Infinitivgruppe bei der Übersetzung ins Deutsche in eine deutsche Infinitivgruppe übertragen, wäre die Übersetzung englischer Infinitive kein Problem.

Useful vocabulary	Nützliche Wörter
in time	**rechtzeitig**
He finished the test in time.	Er war rechtzeitig mit dem Test fertig.
on time	**pünktlich**
The train arrived on time.	Der Zug kam pünktlich an.
in no time	**im Nu**
He did the exercise in no time.	Er machte die Übung im Nu.
in the meantime	**in der Zwischenzeit**
Jim phoned for a doctor and in the meantime we stayed with the patient.	Jim telephonierte nach einem Arzt, und in der Zwischenzeit blieben wir bei dem Patienten.
for the time being	**vorläufig**
For the time being there is nothing I can do.	Vorläufig gibt es nichts, was ich tun kann.

B Übersetzungsaufgaben

1. She expected to win the race.
2. We hope to see you soon.
3. She promised to come home on time.
4. She told him to wait.
5. They failed to get to the station in time.
6. The handle at the door was missing. So he warned me not to close the door in the meantime.
7. His only aim was to do that work in no time.

Leider ist die Übersetzung von Infinitiven nicht immer so einfach, und so sollen die folgenden Kapitelteile die Übersetzungsmöglichkeiten bei englischen Infinitivfügungen vorführen und üben.

1.1 Verben mit Infinitivgruppen / Verbs + infinitive clauses

A Erläuterungen

Einige englische Verben haben vor dem Infinitiv noch ein Objekt stehen:

We expect *the train to arrive on time.*
Wir erwarten, daß der Zug pünktlich ankommt.

Useful vocabulary	Nützliche Wörter
for The evenings are getting warmer, for it's nearly summer.	**denn** Die Abende werden wärmer, denn es ist fast Sommer.
for I've been waiting for hours.	**seit** (bei Zeitspannen) Ich warte schon seit Stunden.
as for ... As for you, you must go to bed now.	**was ... betrifft/angeht** Was dich betrifft, du mußt jetzt ins Bett gehen.
may be I can't tell you where John is. He may be in town or at his office.	**kann ... sein** Ich kann dir nicht sagen, wo John ist. Er kann in der Stadt oder in seinem Büro sein.
maybe Maybe it'll be fine tomorrow.	**vielleicht, möglicherweise** Vielleicht wird es morgen schön (sein).

Bei diesem Beispiel muß der Infinitiv des englischen Satzes durch einen *daß-Satz* im Deutschen ersetzt werden. Dies gilt nicht für alle Sätze mit einer derartigen Konstruktion. Bei einigen ist durchaus eine Infinitiv-Konstruktion im Deutschen möglich.

She asked me *to cut the grass from time to time.*

Sie bat mich, von Zeit zu Zeit das Gras zu mähen.

Verbs + infinitive clauses
Verben mit Infinitivgruppen

Beachte: Neben verneinten Infinitiven (vgl. 1) gibt es auch Infinitive im Passiv.

We don't want *those trees to be cut.*
Wir wollen nicht, daß jene Bäume gefällt werden.

Näheres dazu findest Du in Deiner Grammatik.

Forms of the infinitive
Infinitivformen

B Übersetzungsaufgaben

8. We believed her to be a good pupil, because she gave back her test paper in no time.
9. The people in town wanted the government to improve their housing conditions.
10. A lot of people don't want the Concorde jet to land in Paris.

Useful vocabulary	**Nützliche Wörter**
while	**während**
While he was reading the newspaper, the telephone rang.	Während er die Zeitung las, klingelte das Telefon.
because	**weil**
I didn't come, because I was ill.	Ich kam nicht, weil ich krank war.
bank	**Bank (Geldinstitut); Ufer**
We always stand on the river bank and fish.	Wir stehen immer am Flußufer und fischen.
My parents keep their money in the bank.	Meine Eltern haben ihr Geld auf der Bank.
bench	**(Sitz-)Bank**
Old Mrs Green was sitting on a bench in front of her house.	Die alte Frau Green saß auf einer Bank vor ihrem Haus.

11. Mrs. Brown wants her son to become a doctor.
12. I want Jean to come to our party.
13. I've persuaded him not to use his motorbike in the meantime.
14. They do not permit tourists to touch the pictures by Picasso.
15. Scientists have calculated the sun to be nearly 100 million miles away.
16. We don't want our houses to be pulled down next spring.
17. I'd like Jean to come to our picnic.
18. We want the government to informus in time.
19. I've asked Jean to come to our party.
20. The boss wants everyone to start work in time.
21. I must advise Jim to be a little bit more polite.
22. Mother asked us not to move her furniture for the time being.

1.2 Infinitive mit Fragewort / Question words + infinitives

A Erläuterungen

Im Englischen gibt es auch Infinitive, die mit einem Fragewort wie z.B. *who, where, when* etc. oder mit whether (dt.: ob) eingeleitet werden.

He didn't know *what to do.*

Eine wörtliche Übersetzung ist hier unmöglich. Im Deutschen muß der englische Infinitiv durch einen Nebensatz ersetzt werden.

Er wußte nicht, was er tun mußte, sollte, könnte.

Useful vocabulary	Nützliche Wörter
(to) make someone do something	**jemanden veranlassen, etwas zu tun, jemanden etwas tun lassen**
The teacher made us translate the whole text.	Der Lehrer ließ uns den ganzen Text übersetzen.
(to) let someone do something	**zulassen, daß jemand etwas tut, jemanden etwas tun lassen**
He let us use a dictionary.	Er ließ zu, daß wir ein Wörterbuch benutzten.
would/('d) rather do something	**etwas lieber tun**
I'd rather work in the afternoon.	Ich würde lieber nachmittags arbeiten.
had/('d) better do something	**es wäre besser, wenn ...**
You'd better learn the new words.	Es wäre besser, wenn du die neuen Wörter lerntest.

Infinitive mit Fragewort drücken meist aus, daß jemand etwas *soll, kann* oder *muß.* Dabei entscheidet der Textzusammenhang, welche der Lösungen die passende ist. In einigen Fällen ist die Verwendung von *sollen, können* oder *müssen* jedoch nicht nötig.

He doesn't know how to drive a tractor.
Er weiß nicht, wie man einen Traktor steuert.

Question words + infinitives
Infinitive mit Fragewort

B Übersetzungsaufgaben

23. He'll never know how to use a computer.
24. As for me I couldn't remember how to use a British telephone.
25. She doesn't know where to get help. It may be that she's new here.
26. Susan always knows who to ask. Maybe she can help you.
27. My brother told me where to find the new computer shop.
28. I don't know whether to watch the film or read the book.
29. Can you tell me how to get to the station, please?
30. I had no idea how to get into contact with her. She was so shy.
31. We have to decide now whether to park the car here or take it into the city centre. But I don't want to discuss that for hours.
32. Did he tell you which way to go after York?

Useful vocabulary	**Nützliche Wörter**
once	**einmal; einst, früher einmal**
They go to the cinema once a week.	Sie gehen einmal in der Woche ins Kino.
Once there was a castle here.	Einst gab es hier ein Schloß.
at once	**sofort**
I had to do it at once.	Ich mußte es sofort machen.
all at once	**ganz plötzlich**
All at once the lights went out.	Ganz plötzlich gingen die Lichter aus.
once in a while	**hin und wieder**
Once in a while we go to the theatre.	Hin und wieder gehen wir ins Theater.
once more	**noch einmal**
Can you play the record once more?	Kannst du die Platte noch einmal abspielen?

1.3 Infinitive nach Verben mit Präposition / Infinitives after verbs + preposition

A Erläuterungen

Eine erweiterte Anwendung der bislang geübten Infinitivkonstruktionen stellen die Verben dar, die fest mit einer Präposition verbunden sind. Sehr oft ist dies die Präposition for. Als Beispiel sind *wait for, long for, ask for,* aber auch *rely on, count on* usw. zu nennen.

wait for	warten auf
long for	sich sehnen nach
ask for	bitten um
rely on	sich verlassen auf
count on	zählen auf
pay for	bezahlen
shout at	zurufen

Auch hierbei ist der Nebensatz mit *daß* eine passende Übersetzungsmöglichkeit. Oft steht dann auch vor dem Wort *daß* ein verweisendes Adverb wie *danach, darauf* o.ä.

They are waiting for the train to come.
Sie warten darauf, daß der Zug kommt.

Infinitives after verbs + preposition
Infinitive nach Verben mit Präposition

Useful vocabulary	Nützliche Wörter
in the end	**schließlich, zum Schluß**
In the end the police let him go.	Schließlich ließ ihn die Polizei gehen.
on end	**ohne Unterbrechung**
He worked for hours on end.	Er arbeitete stundenlang ohne Unterbrechung.
(to) be afraid of something	**vor etwas Angst haben**
She is afraid of mice.	Sie hat Angst vor Mäusen.
I'm afraid	**leider; ich fürchte, daß ...**
I'm afraid, we have no tickets left.	Leider haben wir keine Eintrittskarten mehr.
(to) mind	**etwas dagegen haben, etwas ausmachen**
I'd rather watch TV, if you don't mind.	Wenn es dir nichts ausmacht, würde ich lieber fernsehen.

B Übersetzungsaufgaben

33. I think we can rely on John to do his best, because he is a good man for that job.
34. The old man on the bench shouted at the children not to play on the dangerous river bank.
35. The little girl was longing for her mother to come out of the bank.
36. Mr Brent was waiting inside for the postman to arrive, while Bully, his dog, was waiting outside for the postman to come down from the tree.

1.4 Infinitive ohne "to" / Infinitives without "to"

A Erläuterungen

Sehr viele Konstruktionen mit dem Infinitiv ohne "*to*" stellen überhaupt kein Problem bei der Übersetzung dar. Zum Beispiel: *He must go now. I saw him write that letter.*

Bei den in diesem Kapitelteil behandelten Strukturen geht es auch weniger um die Übersetzung des angeschlossenen Infinitivs als um die Übersetzung der Teile, hinter denen der Infinitiv ohne "*to*" anzutreffen ist.

Infinitives without *to*
Infinitive ohne *to*

Useful vocabulary	Nützliche Wörter
at last	**endlich, zuletzt**
At last she stopped work and stood up.	Endlich hörte sie mit der Arbeit auf und stand auf.
(to) last	**dauern; ausreichen**
Our money won't last for a holiday in Spain.	Unser Geld wird nicht für einen Spanienurlaub reichen.
I hope this weather will last to the end of the holidays.	Ich hoffe, dieses Wetter wird bis zum Ende der Ferien anhalten.
last	**letzte(r), vorig(e/r); zuletzt**
He arrived last.	Er kam als letzter.
late	**(zu) spät; verstorben**
Sorry, I'm late.	Es tut mir leid, daß ich zu spät komme.
The late President was an important man.	Der verstorbene Präsident war ein bedeutender Mann.

Infinitive nach "to make" und "to let"

Beide Verben sind bei den vorgegebenen Beispielen mit "lassen" zu übersetzen. Auch im Deutschen schließt sich dann danach der Infinitiv an.

He made us work hard.	*He let them go.*
Er ließ uns hart arbeiten.	Er ließ sie gehen.

Dabei ist es wichtig zu beachten, daß es manchmal vom Textzusammenhang her notwendig ist, die Bedeutungsunterschiede zwischen "*(to) let*" und "*(to) make*" auch in der deutschen Übersetzung hervorzuheben.

Let me read the newspaper first.
Laß mich erst die Zeitung lesen. / Erlaube mir, erst die Zeitung zu lesen.

(to) let" + Infinitiv ohne "*to*" = (zulassen, im Sinne von "erlauben")

My mother made me clean my shoes.
Meine Mutter ließ mich meine Schuhe putzen./Meine Mutter veranlaßte mich, ...

"*(to) make*" + Infinitiv ohne "*to*" = (veran)lassen, im Sinne von "zwingen"

(Weiteres zum Thema "lassen" findet sich im Kapitel 6.)

Useful vocabulary	**Nützliche Wörter**
brief-case The teacher opened his brief-case and took out the test papers.	**Aktentasche** Der Lehrer öffnete seine Aktentasche und nahm die Prüfungsbögen heraus.
wallet He always keeps his driving licence in his wallet.	**Brieftasche** Er hat seinen Führerschein immer in der Brieftasche.
map Where is York? I can't find it on the map.	**Landkarte** Wo ist York? Ich kann es auf der Landkarte nicht finden.
school-bag Little Mary has got a new school-bag	**Schulmappe, Schultasche** Die kleine Mary hat eine neue Schulmappe.

Infinitive nach "would rather" und "had better"

Auch bei diesen beiden Einleitungen für Infinitive kommt es auf die Kenntnis der deutschen Bedeutung an. Die richtige Übertragung des Infinitivs ist dann kein Problem mehr.

I would (= I'd) rather wait.
Ich würde lieber warten.

"would rather ('d rather)" + Infinitiv ohne *"to"* = eher, lieber (tun)

You had (= You'd) better go now.
Es wäre besser, wenn du jetzt gingst.

"had better ('d better)" + Infinitiv ohne *"to"* = es wäre besser, wenn ...

B Übersetzungsaufgaben

(Mache bei der Verwendung von "lassen" (in einer Klammerfassung) klar, um welches "lassen" es hier geht.)

37. At first Mrs Hart didn't like the idea very much, but in the end she let her daughter drive the family car last weekend.

Useful vocabulary	**Nützliche Wörter**
FOR REVISION ONLY	
in time	**rechtzeitig**
He finished the test in time.	Er war rechtzeitig mit dem Test fertig.
for	**seit** (bei Zeitspannen)
I've been waiting for hours.	Ich warte schon seit Stunden.
while	**während**
While he was reading the newspaper, the telephone rang.	Während er die Zeitung las, klingelte das Telefon.
on end	**ohne Unterbrechung**
He worked for hours on end.	Er arbeitete stundenlang ohne Unterbrechung.
last	**letzte(r), vorig(e/r); zuletzt**
He arrived last.	Er kam als letzter.

38. You'd better do some sports once in a while.
39. Why did the policeman make him show his driving licence?
40. We'd rather not eat so much tonight.
41. I'm afraid, he doesn't let his son decide on his own.
42. We'd better not take the last bus, we might miss it once more.
43. You can't make me believe everything you say.
44. I'd rather work on end. Time is money, you know.
45. You'd better hide your rucksack under the bushes.
46. - I hear he changed his job all at once.
    - Yes, they made him change it last month.
47. The headmaster made us clear up the school yard only once.
48. - Wouldn't you rather play football this evening and visit your uncle tomorrow?
    - I'd better visit him now.

1.5 Infinitive nach "the first, the last, the only ..." / Infinitives after "the first, the last, the only ..."

A Erläuterungen

Wie bereits in den vorigen Kapitelteilen zu sehen war, ist nicht jeder englische Infinitiv mit einem deutschen Infinitiv zu übersetzen. Dies gilt auch für Infinitive, die sich an *the first*
the last
the only
the next anschließen.

Useful vocabulary	**Nützliche Wörter**
FOR REVISION ONLY	
brief-case	**Aktentasche**
The teacher opened his briefcase and took out the test papers.	Der Lehrer öffnete seine Aktentasche und nahm die Prüfungsbögen heraus.
late	**(zu) spät: verstorben**
Sorry, I'm late.	Es tut mir leid, daß ich zu spät komme.
The late president was an important man.	Der verstorbene Präsident war ein bedeutender Mann.
(to) mind	**etwas dagegen haben, etwas ausmachen**
I'd rather watch TV, if you don't mind.	Wenn es dir nichts ausmacht, würde ich lieber fernsehen.
in no time	**im Nu**
He did the exercise in no time.	Er machte die Übung im Nu.

Ähnliches gilt für Superlative (z.B. *the most popular)* oder Ordnungszahlen (z.B. *the second)*. Hier bietet sich bei der Übersetzung ins Deutsche wiederum der Relativsatz an, aber oft ist auch noch eine weitere Wendung im Deutschen möglich.

G Infinitives after *the first, the last, the only*
Infinitive nach *the first, the last, the only*

Mary was the first to arrive at the party.
Mary war die erste, die zur Party kam.
oder Mary kam als erste zur Party.

John was the only boy to help with the washing-up.
John war der einzige Junge, der beim Abwaschen half.
oder John half als einziger Junge beim Abwasch.

Oft kann es auch der Textzusammenhang erfordern, daß ein Modalverb wie "sollen" oder "können" usw. in den Relativsatz eingebaut werden muß. So könnte - je nach Textzusammenhang - die Übersetzung für das letzte Beispiel auch lauten: *John war der einzige Junge, der beim Abwaschen helfen wollte.*

B Übersetzungsaufgaben

49. Mary was the only to pass the driving test.
50. Which is the best German magazine to read?
51. Why am I always the last person to get the newspaper?
52. One of the most important things to avoid injuries in car accidents is to fasten the safety-belts.

Useful vocabulary	**Nützliche Wörter**
FOR REVISION ONLY	
once in a while	**hin und wieder**
Once in a while we go to the theatre.	Hin und wieder gehen wir ins Theater.
would/('d) rather do something	**etwas lieber tun**
I'd rather work in the afternoon.	Ich würde lieber nachmittags arbeiten.
bank	**Bank (= Geldinstitut); Ufer**
We always stand on the river bank and fish.	Wir stehen am Flußufer und fischen.
My parents keep their money in the bank.	Meine Eltern haben ihr Geld auf der Bank.
maybe	**vielleicht, möglicherweise**
Maybe it'll be fine tomorrow.	Vielleicht wird es morgen schön (sein).

53. John was the first to arrive at the customs, but his luggage was the last to be examined.
54. Our maths teacher was really angry, because Jill was the third pupil to ask the same question.
55. His most popular books to come out were "Silver Shadow" and "Golden House".

1.6 Infinitive nach Substantiven / Nouns + Infinitive-clauses

A Erläuterungen

Eine verwandte Konstruktion stellt die Kombination Infinitiv + Substantiv dar.

Jill bought a book to read on the beach.
Jill kaufte ein Buch, das sie am Strand lesen konnte/wollte. oder:
Jill kaufte ein Buch, um es am Strand zu lesen.

Noun + infinitive clauses
Substantiv + Infinitivgruppen

Useful vocabulary	**Nützliche Wörter**
FOR REVISION ONLY	
once	**einmal; einst, früher einmal**
They go to the cinema once a week.	Sie gehen einmal in der Woche ins Kino.
Once there was a castle here.	Einst gab es hier ein Schloß.
in the end	**schließlich, zum Schluß**
In the end the police let him go.	Schließlich ließ ihn die Polizei gehen.
at last	**endlich, zuletzt**
At last she stopped work and stood up.	Endlich hörte sie mit der Arbeit auf und stand auf.
map	**Landkarte**
Where is York? I can't find it on the map.	Wo ist York? Ich kann es auf der Landkarte nicht finden.

Auch hier bieten sich also zwei Übersetzungsmöglichkeiten an:

1. **Der Relativsatz** (..., das sie ... lesen kann/will.)

2. **Der Infinitiv** mit ..., um ... zu ...

   Auch kommt es vor, daß ein eingeschobenes "for ..." den Bezug der Infinitivgruppe verdeutlicht:

   Here are some comics for the children to read on the train.
   Hier sind einige Comics, die die Kinder im Zug lesen können.

Neben den bisher aufgeführten Übersetzungsmöglichkeiten gibt es zwei weitere, besonders wenn die Infinitivgruppe einen Zweck ausdrücken soll.

3. **Die Substantivfügung**

   That's a knife to open tins with.
   Das ist ein Messer zum Büchsenöffnen.

   She bought a book to read on the beach.
   Sie kaufte ein Buch als Strandlektüre.

4. **Der Nebensatz** mit (so)daß/damit

   Here are some comics for the children to read on the train.
   Hier sind einige Comics, damit/daß die Kinder im Zug etwas zu lesen haben.

B Übersetzungsaufgaben

56. Whitby is a fine place to spend a holiday at.
57. Sally's mother made a new dress for her daughter to wear on her birthday.
58. There was nobody for our children to play with.
59. Steve, I haven't bought that wallet for you to lose the following day.
60. John wants a new suit to wear at his birthday party.
61. Here is a list of things for you to do on Saturday.
62. I'm going to buy a map for you to find those places in Cornwall.
63. That's a special computer to write letters with.
64. Father bought a new brief-case for me to use at work.
65. Aunt Mary sent a new school-bag for Jill to use next year.

Are you too busy running your business to make any money?

Expansion and growth by franchising could be the

GOVERNMENT PAYS MAN TO TRAIN PARROTS

After two years on the
Mr Adam Herbert

Customs men to open Easter eggs for drugs

by NEIL MARR

CUSTOMS men have been ordered to break open Easter eggs in an attempt to uncover a huge drug smuggling ring.

"In the past we have always

(to) be busy: beschäftigt sein - **(to) run a business**: ein Geschäft führen - **parrot**: Papagei - **customs man**: Zollbeamter - **Easter**: Ostern - **attempt**: Versuch - **(to) uncover**: aufdecken.

2 Das Gerundium / Gerund

Das Gerundium ist eine *-ing*-Form, die im Englischen sehr oft und vielseitig verwendet wird und von jedem Verb gebildet werden kann. Eine unmittelbare deutsche Entsprechung gibt es nicht. Deshalb muß man bei der Übersetzung englischer Gerundiums-Konstruktionen andere deutsche Konstruktionen verwenden.

Gerund
Gerundium

Für die Übersetzung von Gerundien gibt es im Deutschen im Grunde drei Möglichkeiten.

2.1 Erste Übersetzungsmöglichkeit: Substantiv oder Substantivierung

A Erläuterungen

Beispiele: *Singing is fun.*
Singen macht Spaß.

Booking a flight is easy today.
Die Buchung eines Fluges ist heute leicht.

Useful vocabulary	Nützliche Wörter
It's no use / It's no good	**Es hat keinen Zweck; es ist sinnlos**
It's no use / It's no good worrying about that matter. We can't do anything.	Es hat keinen Sinn, sich über diese Angelegenheit Sorgen zu machen. Wir können nichts machen.
(to) be worth	**wert sein, sich lohnen**
This book is worth reading.	Das Buch ist es wert, gelesen zu werden.
(to) be busy	**damit beschäftigt sein**
He was busy repairing his bike.	Er war damit beschäftigt, sein Fahrrad zu reparieren.
There is no ...	**Man kann nicht ...**
Little Charlie is awful.	Der kleine Charlie ist schrecklich.
There is no telling what he will do next.	Man kann nicht sagen, was er als nächstes tun wird.

He gave up drinking.
Er gab das Trinken auf.

I'm not used to driving on the left.
Ich bin an das Linksfahren nicht gewöhnt.

They accused him of smuggling drugs.
Sie klagten ihn des Drogenschmuggels an.

B Übersetzungsaufgaben

(Übersetze mit Hilfe eines Substantivs oder einer Substantivierung)

1. Listening to music gives me pleasure.
2. Reading books takes a lot of time.
3. The cooking of Indian dishes is not easy.
4. He insisted on paying the bill.
5. He doesn't feel like cycling today.

Anmerkung: Selbstverständlich gibt es bei den obigen Sätzen auch andere Übersetzungsmöglichkeiten.

Useful vocabulary	Nützliche Wörter
(to) suggest	**vorschlagen**
He suggested having a party.	Er schlug vor, eine Party zu geben.
(to) mind	**etwas ausmachen, etwas dagegen haben**
Would you mind helping me?	Würde es dir etwas ausmachen, mir zu helfen?
(to) enjoy	**genießen**
He enjoyed listening to the music.	Er genoß es, der Musik zuzuhören.
(to) admit	**zugeben, eingestehen**
I admit having used your car.	Ich gebe zu, dein Auto benutzt zu haben.
(to) avoid	**vermeiden**
She avoided meeting him.	Sie vermied es, ihn zu treffen/ mit ihm zusammenzukommen.

2.2 Zweite Übersetzungsmöglichkeit: Infinitiv mit "zu"

A Erläuterungen

Sehr oft ist ein englisches Gerundium an der Stelle eines Objekts zu finden. Hier bietet sich oft der *Infinitiv mit "zu"* als Übersetzungsmöglichkeit an.

Beispiele:

He avoided looking at her.
Er vermied es, sie anzusehen.

My house is not far from here. So it's not worth taking a taxi.
Mein Haus ist nicht weit von hier. Es lohnt sich deshalb nicht, ein Taxi zu nehmen.

I bought a new car instead of going away on holiday.
Ich habe einen neuen Wagen gekauft, anstatt in Urlaub zu fahren.

B Übersetzungsaufgaben

(Übersetze mit Hilfe eines Infinitivs)

6. I don't mind travelling second class.
7. In the evening we enjoy watching good films.
8. Charlie admitted having broken the window.
9. We should avoid quarrelling with our neighbours.
10. He was busy cleaning his car.
11. It's worth knowing something about car engines.
12. In this case, it's no use complaining.

Useful vocabulary	Nützliche Wörter
(to) deny	**abstreiten, leugnen**
He denied having done anything illegal.	Er stritt ab, etwas Ungesetzliches getan zu haben.
(to) finish	**beenden, zu Ende bringen**
Have you finished eating?	Bist du mit essen fertig?
(to) be useless	**zwecklos sein**
It's useless crying.	Heulen ist zwecklos.
can't help ...	**nicht umhin können, einfach ... müssen**
She couldn't help laughing.	Sie mußte einfach lachen.
(to) look forward to	**sich freuen auf**
He was looking forward to going fishing.	Er freute sich darauf, angeln zu gehen.

2.3 Dritte Übersetzungsmöglichkeit: Nebensatz

A Erläuterungen

Ist das Gerundium durch weitere Ergänzungen erweitert, kann ein Nebensatz eine passende Wiedergabemöglichkeit für das englische Gerundium sein.

Beispiele:

I admit having given the key to her.
Ich gebe zu, daß ich ihr den Schlüssel gegeben habe.

Do you mind me smoking?
Hast du etwas dagegen, wenn/daß ich rauche?

She now regrets not having studied harder when she was at school.
Sie bedauert jetzt, daß sie in ihrer Schulzeit nicht fleißiger gelernt hat.

Bei allen drei vorgeführten Möglichkeiten sollte bedacht werden, daß nicht immer nur eine der aufgeführten Möglichkeiten eine passende Übersetzung darstellt. Wie in den folgenden Sätzen vorgeführt wird, gibt es durchaus mehrere Übersetzungsmöglichkeiten.

We suggest	*going on a bicycle tour.*
Wir schlagen vor,	daß wir eine Radtour machen.
	eine Radtour zu machen.
Please excuse	*my being late.*
Bitte entschuldige	mein Zuspätkommen.
	..., daß ich zu spät komme.

Useful vocabulary	Nützliche Wörter
(not) (to) feel like	**(keine) Lust haben, (nicht) nach ... zumute sein**
I don't feel like joking.	Ich habe keine Lust zu scherzen.
(to) insist on	**bestehen auf**
He insisted on finishing his work.	Er bestand darauf, seine Arbeit zu beenden.
(to) prevent from	**abhalten von**
We prevented them from taking the wrong bus.	Wir hielten sie davon ab, den falschen Bus zu nehmen.
(to) succeed in	**gelingen**
He succeeded in winning the match.	Es gelang ihm, das Spiel zu gewinnen.
(to) object to	**Einspruch erheben gegen, etwas dagegen haben**
He objected being treated like a child.	Er hatte etwas dagegen, wie ein Kind behandelt zu werden.

B Übersetzungsaufgaben

(Übersetze mit Hilfe eines Nebensatzes)

13. I can't avoid seeing him at work every day.
14. There is no saying what will happen.
15. I don't mind Paul and Peter spending a great deal of their time playing football.
16. I suggest going to the seaside next weekend.
17. I think it's no use asking her. She can't tell you anything about the accident.
18. Would you mind me closing the door.
19. Stop it, Mary. It's no use shouting at me.
20. The driver of the car admitted having no licence.

Useful vocabulary	Nützliche Wörter
(to) regret	**bedauern**
They now regret not having taken the jobs.	Sie bedauern jetzt, die Arbeitsstellen nicht angenommen zu haben.
(to) be used to	**daran gewöhnt sein**
He was used to working hard.	Er war daran gewöhnt, hart zu arbeiten.
(to) be accustomed to	**daran gewöhnt sein**
We were accustomed to getting up early.	Wir waren daran gewöhnt, früh aufzustehen.
(to) be fed up with	**etwas satt haben**
I'm fed up with listening to her complaints.	Ich habe es satt, ihre Beschwerden anzuhören.
(to) apologize for	**sich entschuldigen für**
He apologized for being late.	Er entschuldigte sich für sein Zuspätkommen.

2.4 Zusammenfassung

Jedes Lehrbuch und jede Grammatik weisen darauf hin, daß das Gerundium im Englischen in folgenden Fällen gebraucht wird:

1. **als Subjekt eines Satzes.** *Singing is fun.*
2. **nach Präpositionen**

   nach Adjektiven + Präposition
   Betty is proud of wearing her new hat.

   nach Substantiven + Präposition
   Roger took great interest in learning French.

   nach Verben + Präposition
   He insisted on buying her a new coat.

   Weitere Verben dieser Art finden sich in jeder Grammatik.

   Gerund after preopositions
   Gerundium nach Präpositionen

3. **nach bestimmten Verben**

   Einige Verben führen ein anderes Verb nur als Gerundium hinter sich. Bei der Übersetzung bereitet die Übertragung der -ing-Form oft die geringeren Schwierigkeiten. Wichtig ist bei der Übersetzung einfach, die Bedeutung dieser Verben zu wissen.

   Die wichtigsten Verben sind

(to) avoid	-	vermeiden
(to) deny	-	abstreiten, leugnen
(to) mind	-	etwas dagegen haben
(to) finish	-	beenden
(to) suggest	-	vorschlagen
(to) enjoy	-	genießen

   Gerund as object
   Gerundium als Objekt

4. **nach bestimmten Wendungen**

   Gerade die Kenntnis der Bedeutungen dieser englischen Wendungen, die das Gerundium hinter sich führen, erleichtert die Übersetzung.

   Die wichtigsten Wendungen sind

it's no use/good	es ist sinnlos, zwecklos	(to) be busy	beschäftigt sein mit
(to) be worth	es wert sein	can't help	nicht umhin können
it's useless	es ist sinnlos, zwecklos		
There is no ...	Man kann nicht ...		

   Gerund after certain expressions
   Wendungen mit Gerundium

Die Kenntnis der Bedeutung all dieser Verben und Wendungen ist schlichtweg eine Voraussetzung für die richtige Übersetzung von Gerundien.

Ob nun eine Substantivfügung oder ein Substantiv,
eine Infinitivfügung oder
eine Nebensatzkonstruktion

die beste Übersetzungsmöglichkeit darstellt, hängt vom Satzzusammenhang bzw. vom persönlichen Stilgefühl ab. Beachte dies bei der Übersetzung der folgenden Sätze.

Übersetzungsaufgaben

21. She succeeded in passing that difficult test.
22. We apologized for being late.
23. The Browns think of selling their house.
24. At the end of every year students are fed up with learning.
25. Before the war we were used to working on Saturdays.
26. I often regret not having learnt French.
27. I'm used to going shopping in the evening.
28. Yesterday we didn't feel like going out.
29. He insisted on taking me home.
30. He was drunk, and luckily we were able to prevent him from going home by car.
31. Has she succeeded in finding a job yet?
32. We objected to leaving so early.
33. Collecting money for his birthday present took three days.

Useful vocabulary	Nützliche Wörter
(to) mind	**etwas dagegen haben**
I don't mind if you close the window.	Ich habe nichts dagegen, daß Sie das Fenster schließen.
(to) mind	**aufpassen auf**
Mind the step.	Vorsicht, Stufe!
never mind	**macht nichts**
- Oh, I've dropped your pen. - Never mind. It's not broken.	- Oh, ich habe Ihren Füller fallen lassen. - Macht nichts. Er ist nicht kaputt.
mind	**Geist, Sinn**
What do you have in mind?	Was hast du im Sinn?
(to) make up one's mind	**sich entschließen, sich entscheiden**
She couldn't make up her mind which shoes to wear.	Sie konnte sich nicht entscheiden, welche Schuhe sie tragen sollte.

2.5 Komplizierte Gerundiumskonstruktion

1. Gerundium mit eigenem Subjekt / Gerund with a subject of its own

Die Übersetzung mit Hilfe eines Nebensatzes bietet sich besonders dann an, wenn das Gerundium (z.B. durch weitere Satzglieder) noch erweitert ist.

Beispiele:
Mr Brook didn't mind the students cleaning the board.
Mr Brook hatte nichts dagegen, daß die Schüler die Tafel putzten.

Do you mind me using your car?
Hast du etwas dagegen, daß ich dein Auto benutze?

Gerund with a subject of its own
Gerundium mit eigenem Subjekt

2. Gerundium als Ersatz für einen adverbialen Nebensatz / Gerund replacing an adverbial clause

Im Englischen kann ein adverbialer Nebensatz auch durch eine Gerundiumkonstruktion ersetzt werden. Dabei steht vor dieser eine Präposition.

After he (had) spent his holidays in Italy, → he went back to Holland.
After spending his holidays in Italy → he went back to Holland.

Useful vocabulary	Nützliche Wörter
(to) object	**mißbilligen, etwas dagegen tun**
Do you object if I smoke my pipe?	Haben Sie etwas dagegen, wenn ich Pfeife rauche?
object	**Gegenstand; Zweck**
Can you see that big black object in the background?	Kannst du den großen, schwarzen Gegenstand im Hintergrund sehen?
What is the object of your plan?	Was ist der Zweck deines Plans?
in spite of	**trotz**
We went for a walk in spite of the rain.	Trotz des Regens machten wir einen Spaziergang.
(to) spend	**verbringen; ausgeben**
He spent the weekend in the mountains.	Er verbrachte das Wochenende in den Bergen.
She always spends her money on books.	Sie gibt ihr Geld immer für Bücher aus.

Weitere Beispiele:

Instead of smoking so much you'd better do some sports.
Anstatt so viel zu rauchen, wäre es besser für dich, Sport zu treiben.

Before leaving the house John closed all the windows.
Vor dem Verlassen des Hauses schloß John alle Fenster.

Since leaving our town I haven't seen my brother any more.
Seitdem ich unsere Stadt verlassen habe, habe ich meinen Bruder nicht mehr gesehen.

Wie die Übersetzungen der letzten drei Beispiele zeigen, bieten sich alle drei am Anfang vorgeführten Übersetzungsmöglichkeiten an.

Gerund replacing an adverbial clause
Gerundium als Ersatz für Adverbialsatz

Übersetzungsaufgaben

34. On arriving in Leeds Jean was welcomed by her father.
35. They accused Oliver of telling lies.
36. In spite of feeling ill she went to work every day.
37. The teacher objected her behaving so badly.
38. He left without saying a word.
39. After spending a few days in York we went to Whitby.

Useful vocabulary FOR REVISION ONLY	**Nützliche Wörter**
(to) expect	**erwarten, annehmen**
I expect that you are tired after a day at the office.	Ich nehme an, daß du nach einem Tag im Büro müde bist.
at the same time	**gleichzeitig**
You can't eat and drink at the same time.	Man kann nicht gleichzeitig essen und trinken.
As for ...	**Was ... betrifft ...**
As for me, I must go now.	Was mich angeht/betrifft, ich muß jetzt gehen.
(to) let alone	**in Ruhe lassen**
Can't you let me alone?	Kannst du mich nicht in Ruhe lassen?
leaflet	**Prospekt**
There is a special offer in the leaflet.	In dem Prospekt ist ein Sonderangebot.

THE SUNDAY EXPRESS July 27 1986

PARENTS SAVED BY GIRL'S DREAM

SAO PAOLO: A seven-year-old girl's vision of her parents lying injured after a plane crash saved their lives, Brazilian army officials reported yesterday.

Maria Barbora was staying with her grandmother in Manaus in the Brazilian interior while her parents, Carmen and Victor, were away on business.

One night the girl woke up screaming and told her grandmother of her dream.

Checks revealed that the parents' light aircraft was

---

favourite excuse: Lieblingsausrede - **lack of**: Mangel an - **doubt**: Zweifel, Bedenken - **approach**: Ansatz - **(to) overcome**: überwinden - **obstacle**: Hindernis - **army official**: Militärsprecher - **interior**: Mittel-, im Innern, z.B. Mittel- (Brasilien); - **overdue**: überfällig, abgängig

3 Partizip-Konstruktionen / Participle constructions

A Erläuterungen

Wie im Deutschen gibt es zwei Arten von Partizipien:

1. **das Partizip Präsens** *(present participle),* eine *-ing*-Form

   The man mowing the grass is Mr Nolan.
   Der Mann, der das Gras mäht, ist Mr. Nolan.

   Das Partizip Präsens drückt eine Handlung im Aktiv aus.

2. **das Partizip Perfekt** *(past participle)*

   Das Partizip Perfekt ist bei den regelmäßigen Verben eine *-ed*-Form. Bei den unregelmäßigen Verben ist es die dritte Form, die zu jedem unregelmäßigen Verb gelernt werden muß (z.B.: (to) go - went - **gone**, (to) do - did - **done**, (to) show - showed - **shown**).

   Products made in Japan are often cheaper.
   Produkte, die in Japan hergestellt wurden, sind oft billiger.

   Das Partizip Perfekt drückt eine Handlung im Passiv aus.

Participle constructions
Partizip-Konstruktionen

Useful vocabulary	**Nützliche Wörter**
meaning	**Bedeutung**
What's the meaning of this word?	Was ist die Bedeutung dieses Worts?
(to) mean	**bedeuten**
What does "übersetzen" mean in English?	Was heißt "übersetzen" auf Englisch?
How do you mean?	Wie meinen Sie das?
opinion	**Meinung**
In my opinion you're wrong to say ...	Meiner Meinung (nach) ist es falsch von dir zu sagen ...
(to) think / (to) say	**meinen, eine Meinung äußern**
Do you think the sun will shine tomorrow?	Meinst du, daß die Sonne morgen scheint?
"They won't be happy about that," he said.	"Sie werden darüber nicht glücklich sein", meinte er.

3.1 Partizipien nach einem Substantiv

Beispiele:
Jean likes every film shown on TV.
Jean mag jeden Film, der im Fernsehen gezeigt wird.

Jean liked every film shown on TV.
Jean mochte jeden Film, der im Fernsehen gezeigt wurde.

Jean will like every film shown on TV.
Jean wird jeden Film mögen, der im Fernsehen gezeigt (werden) wird.

Diese drei nahezu gleichen Beispielsätze zeigen, daß ein deutscher Relativsatzeine gute Übersetzungsmöglichkeit darstellt. Aber sie zeigen auch, daß die Zeit im Hauptsatz dann auch über die zu wählende Zeit im Relativsatz entscheidet.

Manchmal bietet sich auch eine zweite Übersetzungsmöglichkeit an.

Beispiele:
The book written in easy English is understood even by children
Das in leichtem Englisch geschriebene Buch wird sogar von Kindern verstanden.

The money lying on the table was Mr Brett's.
Das auf dem Tisch liegende Geld gehörte Mr Brett.

Welche der beiden Möglichkeiten zur Übersetzung gewählt wird, entscheidet der Textzusammenhang oder das Stilempfinden des Übersetzers.

Useful vocabulary	Nützliche Wörter
even	**sogar**
Even the most clever pupil can make mistakes.	Sogar der schlauste Schüler kann Fehler machen.
even if	**selbst wenn**
She never wears socks, even if it's very cold	Sie trägt nie Socken, selbst, wenn es sehr kalt ist.
even so	**trotzdem**
It was raining heavily, but even so we had our garden party.	Es regnete heftig, aber trotzdem feierten wir unsere Gartenparty.
even though	**obgleich**
He didn't wear a pullover, even though it was very cold.	Er trug keinen Pullover, obgleich es sehr kalt war.

B Übersetzungsaufgaben

(Berücksichtige beide Übersetzungsmöglichkeiten. Wenn du mit Relativsatz übersetzt, beachte die richtige Zeitwahl.)

1. The burglars arrested last night had tried to open a safe.
2. The girl walking along the street is my friend.
3. Cars produced in Japan and Korea are often cheaper than those produced in Europe.
4. The reporters interviewed people living in Mill Street about their opinion.
5. Two of the robbers caught by the police escaped the day before yesterday.
6. Jean knew the man living next to her father's house.

3.2 Partizip-Konstruktion anstelle eines Nebensatzes

A Erläuterungen

Englische Partizip-Konstruktionen werden oft anstelle eines englischen adverbialen Nebensatzes verwendet. Die Übersetzung ist weiter nicht schwierig, wenn die Partizip-Konstruktion mit einer Konjunktion eingeleitet wird.

Beispiele:

(1) *If posted today, the letter will be delivered tomorrow.*
Wenn der Brief heute aufgegeben wird, wird er morgen zugestellt (werden).

Useful vocabulary	Nützliche Wörter
almost	**beinahe, fast**
I've almost finished my homework.	Ich bin mit meinen Hausauf gaben fast fertig.
already	**schon, bereits**
The apples were ripe already.	Die Äpfel waren schon reif.
also	**auch, ferner, außerdem**
There is also a famous castle in Nuremberg.	In Nürnberg gibt es auch eine berühmte Burg.
although	**obgleich, obwohl**
The boys went onto the ice, although they knew it was very thin.	Die Jungen gingen auf das Eis, obwohl sie wußten, daß es sehr dünn war.
altogether	**ganz und gar; zusammen**
If you go 4 miles, 3 miles, and 6 miles, that is 13 miles altogether.	Wenn du 4 Meilen, 3 Meilen und 6 Meilen gehst, macht das zusammen 13 Meilen.

(2) *Though playing in the street, the children didn't see the accident.*
Obwohl die Kinder auf der Straße spielten, sahen sie den Unfall nicht.

(3) *While flying over the Channel, the pilot saw a meteorite.*
Während der Pilot über den Ärmelkanal flog, sah er einen Meteoriten.

(4) *Before leaving the house, John closed all the windows.*
Bevor John das Haus verließ, schloß er alle Fenster.

(5) *After finishing our work, we went home.*
Nachdem wir unsere Arbeit beendet hatten, gingen wir nach Hause.

Participle clauses
Partizipialsätze

Die jeweils vorangestellte Konjunktion macht die Bedeutung des Partizipialsatzes deutlich.

Satz (1)	**if**	--->	wenn	(Bedingung)
Satz (2)	**(al)though**	--->	obwohl	(Einräumung)
Satz (3)	**while**	--->	während	(Zeit)
Satz (4)	**before**	--->	bevor	(Zeit)
Satz (5)	**after**	--->	nachdem	(Zeit)

Useful vocabulary	Nützliche Wörter
above all We need a lot of things, but above all your understanding.	**vor allem** Wir brauchen viele Dinge, aber vor allem Ihr Verständnis.
after all I must say, you're right after all.	**nach allem; schließlich; doch** Ich muß sagen, du hast doch recht.
not ... at all She's not happy at all.	**überhaupt nicht** Sie ist überhaupt nicht glücklich.
all at once All at once a car came round the corner.	**ganz plötzlich** Ganz plötzlich kam ein Auto um die Ecke.
all right "Do you feel all right?" the ambulance man asked.	**ganz recht; in Ordnung** "Fühlen Sie sich in Ordnung?" fragte der Sanitäter.

B Übersetzungsaufgaben

7. Even if used economically, one tin of coffee will not last for six weeks.
8. While looking through the book, Jack noticed that there were a lot of illustrations in it.
9. After hearing the news, he rang up his wife, even though his boss was listening.
10. While listening to the rain, he remembered that sunny weather of the day before.
11. Before deciding to buy those expensive books, he wanted to speak to his brother.
12. Though being completely cut off, the men succeeded in staying alive.
13. If treated in a friendly manner, a dog will always be a man's good friend.
14. When trying to stop a fight, Mr Wood got injured.

Etwas schwieriger ist die Übersetzung von solchen *Partizip-Konstruktionen ohne einleitende* Konjunktion. Hier gilt als Faustregel für die Übersetzung:

> Die meisten Konstruktionen, dieser Art sind entweder
> als **kausale Nebensätze** (da, weil) oder
> als **temporale Nebensätze** (nachdem, als, während, bevor ...)
> zu übersetzen. Entscheidend ist der Textzusammenhang.

Beispiele:

Not having seen the note, he did not know what it was about.
Da er die Notiz nicht gesehen hatte, wußte er nicht, worum es darin ging.

Walking down the street yesterday, he met Sally.
Als er gestern die Straße entlangging, traf er Sally.

Useful vocabulary	Nützliche Wörter
always	**immer, stets**
I always take the bus to work.	Ich fahre immer mit dem Bus zur Arbeit.
all day long	**den ganzen Tag**
I've worked all day long.	Ich habe den ganzen Tag gearbeitet.
anyhow	**trotzdem, dennoch; irgendwie**
He told me not to sell the house, but I sold it anyhow.	Er sagte mir, ich solle das Haus nicht verkaufen, aber ich verkaufte es trotzdem.
What's the use anyhow?	Was nützt das schon?
anyway	**jedenfalls, trotzdem**
- Sorry, I can't give you a lift.	- Tut mir leid, ich kann Sie (mit dem Auto) nicht mitnehmen.
- It's all right. Thanks, anyway	- Es ist schon in Ordnung. Trotzdem, danke schön.

Übersetzungsaufgaben

15. Feeling cold, he put on his pullover.
16. Having ordered tea and sandwiches, he pulled out a newspaper.
17. Not being in a hurry, he walked home.
18. Putting down my book, I walked over to the telephone.
19. Looking through the wine-list, Mr Hunter found the prices were very high.
20. Not knowing what to do, I telephoned the police.
21. Not wishing to continue my studies, I decided to become a postman.

3.3 Partizip-Konstruktionen mit eigenem Subjekt

A Erläuterungen

Bei den bisher in 3.2 vorgeführten Beispielen war das Sinn-Subjekt der Partizip-Konstruktion stets mit dem Subjekt des Hauptsatzes identisch. Es gibt aber auch Partizip-Konstruktionen mit eigenem Subjekt.

Vergleiche:
Being poor, she could not buy the necessary books.
Da sie arm war, konnte sie sich nicht die notwendigen Bücher kaufen.
=

Her father being poor, she couldnot buy the necessary books.
Da ihr Vater arm war, konnte sie sich nicht die notwendigen Bücher kaufen.
≠

Im umgangssprachlichen Englisch wird die Partizip-Konstruktion dieser Art oft mit *with* eingeleitet.
I can't work with you playing your records all the time.
Ich kann nicht arbeiten, wenn du die ganze Zeit deine Schallplatten abspielst.

Useful vocabulary	Nützliche Wörter
judging from ...	**nach ... zu urteilen, ...**
Judging from his looks, he isn't under sixty.	Nach seinem Aussehen zu urteilen, ist er nicht unter sechzig Jahre alt.
Talking of ...	**Da/Wenn ... gerade von ... sprechen**
Talking of football, which team won in Liverpool yesterday?	Wenn wir gerade von Fußball sprechen, welche Mannschaft hat gestern in Liverpool gewonnen?
Honestly speaking,	**Ehrlich gesagt,**
Honestly speaking, we do not read books of that kind.	Ehrlich gesagt, lesen wir keine Bücher dieser Art.
Strictly speaking	**Genaugenommen**
Strictly speaking, it's a lie.	Genaugenommen ist es eine Lüge.

B Übersetzungsaufgaben

22. His innocence proved after all, Gilbert was set free at last.
23. With so many accidents happening, we really ought to drive not so fast.
24. With the Browns working in Leeds most of the time, their house in Whitby seems empty all the time.
25. With a car blocking the street, the bus had to stop all at once.
26. You can't go to work with your stomach aching so terribly.
27. With textiles produced so cheaply, Korea is certain to cause trouble in the European market.
28. With the banks closed by strike, many tourists couldn't get any Spanish money at all.

3.4 Besondere Übersetzungsmöglichkeiten

Soll die Partizip-Konstruktion die Begleitumstände erläutern, kann dies im Deutschen oft durch einen **modalen Nebensatz** (*wobei, indem*) wiedergegeben werden.

Beispiele:
He left his office banging the door.
Er verließ sein Büro, <u>wobei</u> er die Tür zuschlug.

He managed to leave the hotel very quickly using the back door.
Es gelang ihm, das Hotel sehr schnell zu verlassen, <u>indem</u> er die Hintertür benutzte.

Aus stilistischen Gründen ist folgende Konstruktion oft eleganter:

Father came into the living-room	*smiling happily.*
Vater kam ins Wohnzimmer <u>und</u>	lächelte glücklich.

Useful vocabulary	**Nützliche Wörter**
FOR REVISION ONLY	
meaning	**Bedeutung**
What's the meaning of this word?	Was ist die Bedeutung dieses Worts?
even	**sogar**
Even the most clever pupil can make mistakes.	Sogar der schlauste Schüler kann Fehler machen.
although	**obgleich, obwohl**
The boys went onto the ice, although they knew it was very thin.	Die Jungen gingen auf das Eis, obwohl sie wußten, daß es sehr dünn war.
not ... at all	**überhaupt nicht**
She's not happy at all.	Sie ist überhaupt nicht glücklich.

B Übersetzungsaufgaben

29. The Liverpool fans left the stadium singing their songs.
30. Translate these sentences using relative clauses.
31. We stood on the platform waiting for the train to London.
32. They left the cinema after half an hour trying not to disturb the audience.
33. We sat on the sofa dreaming about our next holidays.

3.5 Feste Wendungen mit Partizip

Einige Partizip-Konstruktionen sind zu feststehenden Wendungen geworden, die als eine Art Kommentar zum Satz aufgefaßt werden.
Bei diesen Wendungen ist es einfach wichtig, daß man ihre Bedeutung kennt.
Die wichtigsten dieser festen Wendungen sind:

generally speaking	-	im allgemeinen
strictly speakings	-	treng/genaugenommen
honestly speaking	-	ehrlich gesagt
roughly speaking	-	grob gesagt
broadly speaking	-	ganz allgemein gesagtt
judging from ...	-	nach ... zu urteilen ...
talking of ...	-	da/wenn Sie/wir gerade von ... sprechen ...
time (weather, health, circumstances ...) permitting	-	wenn/soweit es die Zeit (das Wetter, Gesundheit, die Umstände) erlaubt (erlauben) ...
God willing	-	so Gott will

Useful vocabulary	**Nützliche Wörter**
FOR REVISION ONLY	
anyhow	**trotzdem, dennoch; irgendwie**
He told me not to sell the house, but I sold it anyhow.	Er sagte mir, ich solle das Haus nicht verkaufen, aber ich verkaufte es trotzdem.
What's the use anyhow?	Was nützt das schon.
above all	**vor allem**
We need a lot of things, but above all your understanding.	Wir brauchen viele Dinge, aber vor allem Ihr Verständnis.
even though	**obgleich**
He didn't wear a pullover, even though it was very cold.	Er trug keinen Pullover, obgleich es sehr kalt war.
opinion	**Meinung**
In my opinion you're wrong to say.	Meiner Meinung (nach) ist es falsch von dir zu sagen ...

B Übersetzungsaufgaben

34. Strictly speaking, American English is a language of its own.
35. Circumstances permitting, we can move into our new house next month.
36. Talking of money, I'd like to know how much you paid for that car.
37. Time permitting, the President will visit some towns in the south.
38. Honestly speaking, I wouldn't buy that home computer. It's only a toy.
39. God willing, we all will be saved.
40. Judging from her clothes, she's got a well-paid job.
41. Broadly speaking, women are better drivers than men.

THE SUNDAY EXPRESS July 27 1986

Pilot lands in trap

Harvest holds up plane

by PENNY HART

LUCK was on pilot John Cull's side when he made an emergency landing in his new Cessna aircraft.

Dropping from the sky with a fuel problem, he narrowly missed a power line before landing in a wheat field.

But there his good fortune ended. For, surrounded by acres of ripening corn, he was unable to take off again.

Five weeks have passed

THE LITTLE SISTER OF MERCY

VERONA: A nun saved a man's life when she saw him falling from a fourth floor apartment . . . by breaking his fall with her body.

Sister Beppina, who is only 4ft. 5in. tall, was walking along a street in Sanguinetta, near Verona, when she saw the man, Artuo Bertuccio, 60, cleaning the windows of his apartment 40 feet up.

"Suddenly he slipped," said the 65-year-old sister. "I just knew he would be killed."

Without hesitation, the little nun rushed beneath the falling man and, bending down, broke his fall with her shoulder.

"I used to be a nun for circus people," she said as she lay in hospital suffering from broken legs and pelvis. "I learned that was the way to break someone's fall."

Artuo cracked his head

---

trap: Falle - **harvest**: Ernte - **emergency landing**: Notlandung - **aircraft**: Flugzeug - **fuel**: Treibstoff - **narrowly**: knapp - **power line**: Stromleitung - **wheat**: Weizen - **fortune**: Glück - **(to) surround**: umgeben - **corn**: Mais - **mercy**: Barmherzigkeit - **nun**: Nonne - **(to) break a fall** - einen Sturz abfangen/abbremsen - **(to) slip**: ausrutschen - **without hesitation**: ohne zu zögern - **(to) rush**: eilen - **beneath**: (dar)unter - **(to) bend**: sich beugen - **pelvis**: Becken (im Knochengerüst)

4 Relativsätze / Relative clauses

4.1 Einfach zu übersetzende Relativsätze

A Erläuterungen

Die Übersetzung von Relativsätzen ist so lange kein Problem, so lange sie in ihrem Satzbau dem jeweiligen deutschen Satz ähneln.

The man	*who bought the ticket* , der den Fahrschein kaufte,	*is standing at the corner.*
My bike,	*which was very expensive,* , das sehr teuer war,	*is being repaired at the moment.*
Mrs Collins,	*whose daughter is at our school,* , deren Tochter an unserer Schule ist,	*is taking her dog for a walk.*
The book	*that is lying on the table* , das auf dem Tisch liegt,	*is very exciting.*
The boy	*who(m) you gave the ball* , dem du den Ball gabst,	*was Johnny Miller.*
The letter	*which you wrote to her* , den du ihr schriebst,	*arrived too late.*

Relative clauses
Relativsätze

Useful vocabulary	**Nützliche Wörter**
(to) look for	**suchen**
Help me to look for my lost ring.	Hilf mir, meinen verlorengegangenen Ring zu suchen!
(to) look at	**schauen auf, ansehen**
He looked at the photo and then at me.	Er schaute auf das Photo und dann auf mich.
(to) look forward to	**sich freuen auf**
Pupils always look forward to the next holidays.	Schüler freuen sich immer auf die nächsten Ferien.
(to) look after	**sich kümmern um**
Who will look after my cat while I'm on holiday?	Wer wird sich um meine Katze kümmern, während ich in Urlaub bin?
at last	**zuletzt, endlich**
At last we reached London.	Endlich erreichten wir London.

B Übersetzungsaufgaben

1. This is the dog that bit the postman.
2. Charles, who repaired my car, is good at his job.
3. The dog of which you are afraid is Mr Brown's.
4. The girl whose photo you saw in the magazine is my sister.
5. The film was about a gangster whom the police had never caught.
6. The men whom I work with are all very friendly.
7. The book which you gave me was not good, but interesting at least.
8. The flowers which he gave Susan were wonderful.
9. The method by which they produce their new product is a secret.
10. My wife's father, who lives with us, likes sailing very much.
11. This is the book the author of which is unknown.
12. Jean is the girl who married Helen's brother after seven years at last.

Mit Relativsätzen kann auch ein Satz oder ein Teil davon kommentiert werden. Diese kommentierenden Relativsätze werden stets mit "which" an den Satz oder Teilsatz, auf den sie sich beziehen, angehängt. (Deutsche Übersetzung von *"which": "was".*)

Übersetzungsaufgaben

13. His wife didn't come to the party, which was not surprising.
14. Jill got a better job, which was exactly what she'd wanted.
15. John never does his homework, which is very silly of him.

Useful vocabulary	Nützliche Wörter
always	**immer**
He's always late for school.	Er kommt immer zu spät zur Schule.
some	**einige; etwas; ungefähr**
Can I borrow some cups and some coffee from you?	Kann ich mir von dir einige Tassen und etwas Kaffee borgen?
He came to Australia some 30 years ago.	Er kam vor ungefähr 30 Jahren nach Australien.
however	**jedoch**
My room is very small, It's very comfortable, however.	Mein Zimmer ist sehr klein. Es ist jedoch sehr gemütlich.
a few	**einige**
Can you lend me a few plates?	Kannst du mir einige Teller leihen?
Sixteen friends of mine are coming.	Sechzehn Freunde von mir kommen.

4.2 Relativsätze ohne Relativpronomen / Contact clauses

A Erläuterungen

Englische Relativsätze ohne Relativpronomen weichen vom deutschen Satzbau ab.

The man	*you met in the street yesterday* , den du gestern auf der Straße getroffen hast,	*was Mr Brown.*
The exercise	*we had to do* , die wir machen mußten,	*was rather difficult.*
The book	*you want to read* , das du lesen willst,	*is in my bedroom.*

Contact clauses
Relativsätze ohne Relativpronomen

Eine weitere Erschwerung bei der Übersetzung ist die Tatsache, daß diese Relativsätze auch nicht durch Kommas vom Hauptsatz abgetrennt sind. Die Übersetzung kann hier schrittweise erfolgen.

Beispiel: **The translation we did for homework last night was all wrong.**

1. Schritt: Herausfinden des Relativsatzes
Den Relativsatz kann man entweder durch eine Wort-für-Wort-Übersetzung herausfinden:
Die - Übersetzung - wir - machten - als - Hausaufgabe - gestern -abend - war - ganz - falsch

Useful vocabulary	**Nützliche Wörter**
(to) become Harry wants to become a famous singer.	**werden** Harry will ein berühmter Sänger werden.
(to) get/receive What kind of presents did you get on your birthday?	**bekommen** Was für Geschenke hast du an deinem Geburtstag bekommen?
eventually Eventually we reached the summit.	**schließlich, endlich, zu guter Letzt** Schließlich erreichten wir den Gipfel.
possibly, perhaps Perhaps/possibly you have seen this before.	**eventuell, vielleicht** Du hast dies vielleicht schon vorher gesehen.

Oder man versucht durch Wegstreichen eines Teils des englischen Satzes, den Hauptsatz zu isolieren:
The translation ~~we did for homework last night~~ was all wrong.

2. Schritt: Einsetzen des passenden Relativpronomens an der richtigen Stelle
Die Übersetzung <u>die</u> wir machten als Hausaufgabe gestern abend war ganz falsch.

3. Schritt: Anpassung an deutsche Wortstellung, Zeichensetzung und Grammatik
Die Übersetzung, die wir gestern abend als Hausaufgabe machten, war ganz falsch.

Beispiel: The new house Jean plans to rent has six rooms.

1. Schritt: Isolieren des Hauptsatzes
The new house ~~Jean plans to rent~~ has six rooms.

2. Schritt: Einsetzen des passenden Relativpronomens an der richtigen Stelle.
Das neue Haus das Jean vorhat zu mieten hat sechs Zimmer.

3. Schritt: Anpassen an deutsche Wortstellung, Zeichensetzung und Grammatik.
Das neue Haus, das Jean vorhat zu mieten, hat sechs Zimmer.

Beispiel: The watch your assistant sold me last week is always fast.

1. Schritt: *Die-Armbanduhr-ihr-Verkäufer-verkaufte-mir-letzte-Woche- geht-immer-vor.*

2. Schritt: *Die Armbanduhr die ihr Verkäufer verkaufte mir letzte Woche geht immer vor.*

3. Schritt: *Die Armbanduhr, die mir ihr Verkäufer letzte Woche verkaufte, geht immer vor.*

Useful vocabulary	Nützliche Wörter
at least	**wenigstens, mindestens**
- How much money will you need?	- Wieviel Geld wirst du brauchen?
- 20 at least.	- Mindestens 20 Pfund (Sterling).
by chance	**zufällig**
I met that girl by chance.	Ich traf dieses Mädchen (rein) zufällig.
on purpose	**mit Absicht**
I'm sure he did that on purpose.	Ich bin sicher, er tat das mit Absicht.
then	**dann; damals**
First take a plastic bag and cut a hole in it. Then take two sticks and ...	Erst nehmen Sie eine Plastiktüte und schneiden ein Loch hinein. Dann nehmen Sie zwei Stöcke und ...
I was still unmarried then.	Ich war damals noch unverheiratet.

B Übersetzungsaufgaben

16. This is the mountain we tried to climb some twenty years ago.
17. Chinese is a language I find difficult to learn.
18. Bring me any newspaper you can get on your way to the station.
19. All the famous churches we visited were crowded with tourists.
20. The man John met yesterday was an old school friend of his.
21. The books you need for your homework are all in the library.
22. The young man we met at Alan's by chance is a student who wants to become a doctor.
23. The man Richard wanted to meet at the hotel wasn't there, however.
24. The ring Ron gave to his wife was his mother's.

4.3 Relativsätze mit einer Präposition am Ende / Relative clauses with prepositions

A Erläuterungen

Etliche englische Verben führen hinter sich Präpositionen, z.B.: *listen to, wait for, look after.*

Anders als im Deutschen stehen diese Präpositionen in englischen Relativsätzen sehr oft am Ende des Relativsatzes, gleichgültig ob der Relativsatz mit einem Relativpronomen eingeleitet wird oder nicht.

Useful vocabulary	Nützliche Wörter
few Only few people came to his first concert.	**wenige** Nur wenige Leute kamen zu seinem ersten Konzert.
seldom She very seldom has cornflakes for breakfast.	**selten** Als Frühstück ißt sie Cornflakes sehr selten.
not ... at all The garden doesn't look nice at all.	**überhaupt nicht** Der Garten sieht überhaupt nicht schön aus.
therefore It has been raining for hours; it will therefore be necessary for us to wear raincoats.	**deshalb** Es regnet schon seit Stunden/ stundenlang; deshalb werden wir Regenmäntel tragen müssen.

Beispiele:

The photo *you are looking at* *was taken in Paris.*
Das Photo, auf das *du gerade schaust ....*

Here is a comfortable sofa *which you can sit on.*
Hier ist ein bequemes Sofa, auf dem *du sitzen kannst,*

The girl *he was waiting for* *missed her bus*
Das Mädchen auf das *er wartete,*

The book *you are looking for* *can be borrowed from the library now.*
Das Buch , das *du suchst,*

The film *she was interested in* *was on TV last night.*
Der Film für den *sie sich interessierte,*

Relative clauses with prepositions
Relativsätze mit Präpositionen

Auch bei dieser Art von Relativsätzen kann man die in 4.2 vorgeführten Schritte anwenden. Dabei muß dann die Präposition *zusammen mit dem Relativpronomen* an die richtige Stelle im deutschen Satz gestellt werden.

Beispiel:
Is that the book *you told me about on the bus?*
Ist das das Buch, von dem du mir im Bus erzählt hast?

Useful vocabulary	**Nützliche Wörter**
FOR REVISION ONLY	
(to) look forward to	**sich freuen auf**
Pupils always look forward to the next holidays.	Schüler freuen sich immer auf die nächsten Ferien.
some	**einige; etwas; ungefähr**
Can I borrow some cups and some coffee from you?	Kann ich mir von dir einige Tassen und etwas Kaffee borgen?
He came to Australia some 30 years ago.	Er kam vor ungefähr 30 Jahren nach Australien.
eventually	**schließlich, endlich, zu guter Letzt**
Eventually we reached the summit.	Schließlich erreichten wir den Gipfel.
by chance	**zufällig**
I met that girl by chance.	Ich traf dieses Mädchen (rein) zufällig.

B Übersetzungsaufgaben

25. The music you're listening to is by Mozart.
26. The hotel we were staying at was wonderful.
27. The picture you're looking at is by my grandfather.
28. The day children always look forward to is Christmas Day.
29. Tobacco is a drug a lot of people can't do without.
30. The room Peter works in is very small.
31. Those one gives advice to seldom take it.
32. Most of the Americans Brian worked with were blacks.
33. When is the test you are so worried about?
34. The girl Alice goes to school with is from Jamaica.

(to) make a difference: einen Unterschied (bei etw.) machen - **(to) put to a test**: einem Test unterziehen - **tyre**: Reifen - **(to) face**: hier: ausgesetzt sein - **only**: hier: einzig - **(to) enjoy**: genießen

5 Passiv-Konstruktionen / Passive (voice)

A Erläuterungen

Vergleicht man die Bildung und den Sprachgebrauch des Passivs im Deutschen mit dem Englischen, so zeigt es sich, daß beide Sprachen das Passiv ähnlich bilden und verwenden.

A car was stolen in Whitby Road.
Ein Auto wurde in der Whitby Road gestohlen.

The players are usually chosen by the coach.
Die Spieler werden normalerweise vom Trainer ausgewählt.

Passive (voice)
Passiv

Im Englischen läßt sich das Passiv von allen Verben bilden, die ein *direct object* hinter sich führen, also transitiv sind. (Im Deutschen entspricht das den Verben, die ein Akkusativ-Objekt als Ergänzung benötigen.). Das Passiv ist im Englischen allerdings häufiger anzutreffen, weil es mehr Verben dieser Art gibt.

Useful vocabulary	**Nützliche Wörter**
actual	**tatsächlich, eigentlich; genau**
I can't tell you the actual date of her birthday. It's some time in June.	Ich kann dir das genaue Datum ihres Geburtstags nicht sagen. Es ist irgendwann im Juni.
What's the actual reason for his behaviour?	Was ist der eigentliche Grund für sein Verhalten?
Is he actually going to sell his car?	Wird er tatsächlich sein Auto verkaufen?
current/up to date	**aktuell**
The current situation in South Africa is uncertain.	Die aktuelle Lage in Südafrika ist unsicher.
This is not an up-to-date map of Africa.	Das ist keine aktuelle Karte von Afrika.
You won't find the new names of several states.	Du wirst die neuen Namen einiger Staaten nicht finden.

Vergleiche:

(to) thank somebody (transitiv) - jemandem danken (intransitiv)
(to) trust somebody (transitiv) - jemandem vertrauen (intransitiv)
(to) help somebody (transitiv) - jemandem helfen (intransitiv)

Dies sind nur einige Beispiele. Beachte entsprechende Hinweise im Wörterbuchwie *"vt" = "verb transitive"*.Über die Bildung des Passivs in den verschiedenen Zeiten gibt die Grammatik Auskunft.

Forms of the passive
Formen des Passivs

B Übersetzungsaufgaben

1. Immediately after his heart attack he was taken to hospital. But I can't tell you the actual point of time.
2. Our next meeting will be held in January. Then we can talk about up-to-date figures.
3. This plane is made in England.
4. Has a green and yellow school-bag been found on the train to York?
5. Your address must be filled in in block letters.
6. This book has to be given back by the end of March.
7. Several towns have been destroyed by the hurricane. The current situation in that area is terrible.

Useful vocabulary	Nützliche Wörter
in return	**dafür (als Gegenleistung)**
We invited them to our party in return for their help.	Für ihre Hilfe luden wir sie zu unserer Party ein.
for a change	**zur Abwechslung**
Let's play chess for a change.	Laß uns zur Abwechslung mal Schach spielen.
change	**Kleingeld, Wechselgeld**
Have you got any change?	Haben Sie etwas Kleingeld?
(to) change one's mind	**es sich anders überlegen**
Sorry, but I've changed my mind.	Tut mir leid, aber ich habe es mir anders überlegt.
(to) let alone	**in Ruhe lassen**
Can't you let me alone?	Kannst du mich nicht in Ruhe lassen?

5.1 Schwierige Passiv-Konstruktionen

A Erläuterungen

Enthält ein englischer Aktiv-Satz zwei Objekte, so sind auch zwei englische Passivsätze - je nach Sprechabsicht - möglich.

Beispiele:

Aktivsatz:	*They offered*	*Mr Brent*	*a new company car.*
		Objekt 1	Objekt 2

1. Passivsatz: *A new company car was offered to Mr Brent.*
Ein neuer Firmenwagen wurde Mr Brent angeboten.

2. Passivsatz: *Mr Brent was offered a new company car.*

Bei diesem zweiten Passivsatz ist eine direkte Übertragung ins Deutsche nicht möglich, da hier die Person (= Mr Brent) im Aktivsatz nicht die Stelle des Akkusativ-Objekts einnimmt. (Deshalb wird diese Art von Passivsätzen im Englischen auch "persönliches Passiv" genannt.)

Für Sätze dieser Art bieten sich im Deutschen mehrere Möglichkeiten der Wiedergabe an.

1. "Es" in der Satzeinleitung

Mr Brent was offered a new company car.
Es wurde Mr Brent ein neuer Firmenwagen angeboten.

Useful vocabulary	Nützliche Wörter
let alone	**geschweige denn**
Nobody was sure what had happened, let alone how ...	Niemand war sicher, was passiert war, geschweige denn wie ...
both	**beide**
They both fell down on the ice.	(Sie) beide fielen auf das Eis.
both ... and	**sowohl ... als auch**
Both Mr Miller and his father were ill.	Sowohl Mr Miller als auch sein Vater waren krank.
left	**links; übrig**
To Lincoln Road? Turn left at the bus stop.	Zur Lincoln Road? Biegen Sie an der Bushaltestelle links ab.
There weren't any sandwiches left after the party.	Nach der Party waren keine belegten Brote mehr übrig.

2. Das deutsche Dativ-Objekt in der Satzeinleitung

Mr Brent was offered a new company car.

Mr Brent *(= wem?)* wurde ein neuer Firmenwagen angeboten.

3. Das Objekt im englischen Passiv-Satz wird zum Subjekt

Mr Brent was offered a new company car.
Objekt

Ein neuer Firmenwagen wurde Mr Brent angeboten.
(vgl. 1. Passivsatz)

4. Deutscher Aktivsatz mit "man"

Mr Brent was offered a new company car.

Man bot Mr Brent einen neuen Firmenwagen an.

Wie schon ausgeführt, ist das Passiv im Englischen häufiger anzutreffen als im Deutschen. Insofern kann es aus stilistischen Gründen beispielsweise auch sinnvoll sein, einen englischen Passivsatz mit einem deutschen Aktivsatz wiederzugeben. Hier ist oft der Textzusammenhang mitentscheidend.

Beispiel: *I didn't get the room I wanted to have, because I was late. Somebody else had been given the room.*
Ich bekam nicht das Zimmer, das ich haben wollte, weil ich zu spät kam. Jemand anderes hatte das Zimmer bekommen.

Useful vocabulary	Nützliche Wörter
several	**einige, mehrere**
Several persons were injured in that accident.	Mehrere Personen wurden bei diesem Unfall verletzt.
latest	**späteste(r); neueste(r)**
His latest book came out in June.	Sein neuestes Buch kam im Juni heraus.
latter	**letztere(r)**
There were two men and one woman in the room. The latter was John's aunt.	Es waren zwei Männer und eine Frau in dem Zimmer. Die letztere war John's Tante.
prospect (of)	**Aussicht auf; Anblick**
The prospect of a holiday abroad pleased us all.	Die Aussicht auf einen Urlaub im Ausland gefiel uns allen.
leaflet	**Prospekt**
There is a special offer in the leaflet.	In dem Prospekt ist ein Sonderangebot.

B Übersetzungsaufgaben

(Nutze dabei die verschiedenen Möglichkeiten.)

8. She was told where to meet him.
9. Charly helped his uncle during the weekend. And he was promised a present in return for that.
10. I'm sure you will be given a warning.
11. Be careful, you will be asked a lot of questions. But why shouldn't you ask the questions for a change.
12. A lot of damage had been done by the time the people were rescued.
13. Both he and his wife are persons that can be trusted, I'm sure they won't change their minds.
14. The pupils' parents were thanked for their help.
15. They have been shown the house several times now.
16. When will we be given the news?
17. Older employees must be helped to find new jobs.

5.2 Passiv-Konstruktionen bei Verben mit Präpositionen

A Erläuterungen

Wie das Deutsche kennt das Englische auch Verben, die ein präpositionales Objekt hinter sich führen.

Einige Beispiele:

(to) talk about	(to) speak about
(to) laugh at	(to) think of
(to) look for	(to) pay for
(to) ask for	usw.

Useful vocabulary	Nützliche Wörter
(to) consider	**erwägen, überlegen; betrachten als**
He's considering changing his job.	Er erwägt, seine Stelle zu wechseln.
She considered him suitable for that job.	Sie betrachtete ihn als geeignet für diesen Posten.
(to) believe (in)	**glauben (an)**
I never believe what he tells me.	Ich glaube nie, was er mir sagt.
Do you believe in flying saucers?	Glaubst du an fliegende Untertassen?
(to) suppose	**annehmen, vermuten, denken**
I suppose he'll be late as usual.	Ich denke, er wird wie gewöhnlich zu spät kommen.
(to) be supposed to	**sollen**
You're supposed to be in bed.	Du solltest im Bett sein.

Im Englischen kann - anders als im Deutschen - auch das Präpositional-Objekt des Aktivsatzes im englischen Passivsatz zum Subjekt werden. Dabei verbleibt die Präposition beim Verb.

Engl. Aktivsatz: They always laugh **at her.**
(Präpositional-Objekt)

Engl. Passivsatz: She is always **laughed at.**

Derartige Passiv-Konstruktionen lassen sich auf mehrfache Weise im Deutschen wiedergeben.

1. Möglichkeit: **Präpositionalobjekt in der Satzeinleitung**
She is always laughed at.
<u>Über sie</u> wird immer gelacht.

2. Möglichkeit: **"Es" in der Satzeinleitung**
She is always laughed at.
<u>Es</u> wird immer über sie gelacht.

3. Möglichkeit: **Aktivsatz mit "man"**
She is always laughed at.
<u>Man</u> lacht immer über sie.

B Übersetzungsaufgaben

18. The doctor was sent for immediately.
19. He is sure that his latest book will be talked about.
20. My advice? No! My advice won't be asked for.
21. Several leaflets had to be looked through carefully.

Useful vocabulary	Nützliche Wörter
(to) expect	**erwarten, annehmen**
I expect you are tired after a day at the office.	Ich nehme an, daß du nach einem Tag im Büro müde bist.
(to) think	**meinen, glauben**
I think she is prettier than her younger sister.	Ich finde, sie ist hübscher als ihre jüngere Schwester.
Everybody thought she was crazy.	Alle hielten sie für verrückt.
(to) know	**wissen, kennen**
He knew that he had to work a lot.	Er wußte, daß er viel arbeiten mußte.
She doesn't know where he has gone.	Sie weiß nicht, wohin er gegangen ist.
He knows England very well.	Er kennt England sehr gut.

22. His problems have never been spoken about.
23. - Everybody likes to laugh at others. And everybody hates being laughed at.
    - The latter is true, of course.
24. Do girls like being looked at?

5.3 Übersetzung von Passiv-Sätzen mit "sich ..." oder mit "sich ... lassen"

A Erläuterungen

Die bisher vorgeführten Übersetzungsmöglichkeiten werden durch die Übersetzung mit Hilfe eines reflexiven Verbs im Aktiv ergänzt.

Beispiel: *I'm sure, your pen will be found.*
Ich bin sicher, dein Füller wird sich finden.

B Übersetzungsaufgaben

25. A lot of problems are solved by doing nothing.
26. This word is written with double m.
27. His wealth is shown in the number of his cars.
28. Is English learned easily?

Useful vocabulary	Nützliche Wörter
in time	**rechtzeitig**
They ran fast and got to the bus stop in time.	Sie rannten schnell und kamen rechtzeitig zur Bushaltestelle.
in no time	**im Nu**
He translated the sentence in no time.	Er übersetzte den Satz im Nu.
at the same time	**gleichzeitig**
You can't eat and drink at the same time.	Man kann nicht gleichzeitig essen und trinken.
on time	**pünktlich**
Fortunately he arrived on time.	Glücklicherweise kam er pünktlich an.
As for ...	**Was ... betrifft ...**
As for me, I must go now.	Was mich angeht/betrifft, ich muß jetzt gehen.

Der Gebrauch eines reflexiven Verbs in Kombination mit dem Verb "lassen" bietet sich bei manchen englischen Passiv-Konstruktionen mit "*can*" an.

Beispiel: *This question can be answered easily.*
Diese Frage läßt sich leicht beantworten.

Übersetzungsaufgaben

29. These difficult words can't be remembered.
30. John has bought a very small camera. It can be put into a pocket.
31. Turkish can't be learnt easily.
32. The author's latest book can be read quickly.

5.4 Das Passiv nach Verben des Sagens und Denkens / Passiv after "say, think, believe etc."

A Erläuterungen

Mit Verben des Sagens und Denkens kann ein unpersönliches Passiv gebildet werden, dessen Übersetzung keine großen Schwierigkeiten bereitet.

It is said that Columbus discovered America.
Es wird gesagt / Man sagt, daß Columbus Amerika entdeckte.

Passive after say, think etc.
Passiv nach Verben des Sagens und Denkens

Useful vocabulary	**Nützliche Wörter**
FOR REVISION ONLY	
for a change	**zur Abwechslung**
Let's play chess for a change.	Laß uns zur Abwechslung mal Schach spielen.
let alone	**geschweige denn**
Nobody was sure what had happened, let alone how ...	Niemand war sicher, was passiert war, geschweige denn wie ...
latest	**späteste(r); neueste(r)**
His latest book came out in June.	Sein neuestes Buch kam im Juni heraus.
(to) suppose	**annehmen, vermuten, denken**
I suppose he'll be late as usual.	Ich denke, er wird wie gewöhnlich zu spät kommen.

Etwas schwieriger ist es mit dem sogenannten "persönlichen Passiv". Ihm steht keine entsprechende deutsche Übersetzung gegenüber.

Columbus is said	to have discovered America.
Persönl. Passiv	Infinitiv mit to

Für diese Art von Sätzen stehen drei Übersetzungsmöglichkeiten zu Wahl:

1. Möglichkeit: **"Man" + daß-Satz**
Columbus is said to have discovered America.
Man sagt, daß Columbus Amerika entdeckt hat.

2. Möglichkeit: **Passiv-Satz mit "Es" in der Satzeinleitung**
Columbus is said to have discovered America.
Es wird gesagt, daß Columbus Amerika entdeckt hat.
Auch: Es heißt, ...

3. Möglichkeit: **Aktiv-Satz mit "sollen" o.ä.**
Columbus is said to have discovered America
Columbus soll Amerika entdeckt haben.

Die genaue Bedeutung des Verbs, mit dem das persönliche Passiv gebildet ist, ist hier entscheidend und muß gewußt werden. Die wichtigsten Verben mit dieser Konstruktion sind:

He is considered ...	-	Man hält ihn ...
He is said ...	-	Man sagt, ...
He is believed ...	-	Man glaubt, ...
He is expected ...	-	Man erwartet ...

Useful vocabulary	**Nützliche Wörter**
FOR REVISION ONLY	
(to) expect	**erwarten, annehmen**
I expect you are tired after a day at the office	Ich nehme an, daß du nach einem Tag im Büro müde bist.
at the same time	**gleichzeitig**
You can't eat and drink at the same time	Man kann nicht gleichzeitig essen und trinken
As for	**Was ... betrifft ...**
As for me, I must go now.	Was mich angeht / betrifft, ich muß jetzt gehen
(to) let alone	**in Ruhe lassen**
Can't you let me alone?	Kannst du mich nicht in Ruhe lassen?

He ist known ...	-	Er ist bekannt ...
He is thought	-	Man glaubt, ...
He is not supposed	-	Er darf nicht ...
He is supposed ...	-	Er soll

B Übersetzungsaufgaben

33. He is said to be more than 90 years old.
34. She is believed to be living in Leeds.
35. The strike is expected to begin next week.
36. The manager is known to have drunk a lot.
37. The thieves are supposed to have got in through the open back door.
38. He was not supposed to drink alcohol.
39. He was considered (to be) very rich.

5.5 Wendungen mit passivem Infinitiv

A Erläuterungen

Es gibt einige Passiv-Wendungen im Englischen nach "(to) be", die im Deutschen im Aktiv wiedergegeben werden. Im Englischen wird das Passiv verwendet, weil der Sinn passivisch ist.

Beispiele:

A lot of things were to be done.
Viele Dinge waren (noch) zu tun.

Jill was nowhere to be seen.
Jill war nirgends zu sehen.

That was to be expected.
Das war zu erwarten.

B Übersetzungsaufgaben

40. It is to be hoped that he will pay for the damage.
41. It remains to be seen if he can solve that problem in time.
42. These questions are not to be answered in no time.
43. As for her, she is not to be disturbed for the next two hours.

Trapped

Students Ray Saxelby, 21, of Gala Road, **Swansea**, and Stewart Frazer, 20, of Ridgeway, **St Albans**, Hertfordshire, were trapped for 12 hours on Aladdin's Mirror. They were found by a rescue party.

Two young hill walkers were not so lucky. Alistair Duncan, 21, a Welshman and his friend David Stimpson, 23, of Kelso, Borders, were swept to their deaths in a swollen river in Glen Nevis, **Fort William.**

A man was drowned in a flooded river in **Marybank**,

Girls found after night lost in woods

TWO little girls who set off on a midwinter adventure were found huddled inside a tent yesterday—too cold and frightened to move.

Victoria King and Lisa Davies, both aged nine, told school friends at Yeovil, Somerset, that they were going to spend the night in the woods.

But nobody knew which woods they meant.

When they did not turn up at home for tea the alarm was raised and 20 policemen started a search.

Then as the temperature dropped below freezing another 20 police with dogs were called in.

It was not until 10 hours after the girls set off that they were found.

Victoria's father, Mr John King, said: "They were frightened out of their wits. I just hope it has taught them a lesson."

---

trapped: hier: in Bergnot - **Aladdin's Mirror:** geograph. Name - **rescue party:** Rettungsmannschaft - **(to) be swept to death**: hier: ertrinken - **(to) be drowned:** ertrinken - (to) huddle: sich zusammenkauern - **out of one's wits:** hier: zum Verrücktwerden

6 Sätze mit "for" und "since"

Sätze, die eines dieser kleinen Wörtchen enthalten, sind deshalb schwierig zu übersetzen, weil einem als Übersetzer erst klar sein muß, welche Bedeutung dieses Wort im jeweiligen Satz hat.

6.1 Sätze mit "for"

A Erläuterungen

Der Zusammenhang im Satz und Text entscheidet - wie so oft bei der Übersetzung - welche Bedeutung und Funktion des Wortes *"for"* gemeint ist. Trotzdem sind die ersten vier der vorgeführten Möglichkeiten leicht zu erkennen und zu übersetzen.

Beispiele:

1. Möglichkeit: **engl. "for" = dt. "denn"**
Mr Stills had to resign, for nobody in his party supported him.
Mr Stills mußte zurücktreten, denn niemand in seiner Partei unterstützte ihn.

2. Möglichkeit: *"for" als Teil eines Präpositional-Objekts*
I'm waiting for her. - Ich warte auf sie.

Useful vocabulary	Nützliche Wörter
at last	**endlich, zuletzt**
There you are at last!	Da bist du ja endlich!
at least	**wenigstens, mindestens**
Even if your job is boring, at least you have enough money to pay for everything.	Selbst wenn deine Arbeit langweilig ist, so hast du wenigstens genug Geld, um alles bezahlen zu können.
not ... either	**auch ... nicht**
He isn't in the house, and he isn't in the garden either.	Er ist nicht im Haus, und im Garten ist er auch nicht.
latest	**neueste(r)**
Where is the latest TIME magazine?	Wo ist die neueste (Ausgabe der) TIME?
by chance	**zufällig**
He found his new job by chance.	Seine neue Arbeit fand er durch Zufall.

Einige wichtige Verben mit *"for"* sind zum Beispiel:

(to) wait for	-	warten auf
(to) ask for	-	bitten um, fragen nach
(to) pay for	-	bezahlen
(to) apply for	-	sich bewerben um
(to) look for	-	suchen nach
(to) long for	-	sich sehnen nach

Prepositional objects
Präpositional-Objekte

3. Möglichkeit: **"for" zum Ausdruck des Zwecks**
He went in for a shower -
Er ging hinein, um zu duschen.

4. Möglichkeit: **"for" in einer Infinitiv-Konstruktion**
It's important for her to be ready by Wednesday.
Es ist wichtig für sie, bis Mittwoch fertig zu sein.

(Mehr über Infinitiv-Konstruktionen im Kapitel 1)

Useful vocabulary	**Nützliche Wörter**
already	**schon, bereits**
I have already emptied the ash-trays in your car.	Ich habe schon die Aschen becher in deinem Auto geleert.
almost	**fast, beinahe**
It was almost dark, when we arrived in Leeds.	Es war fast dunkel, als wir in Leeds ankamen.
altogether	**ganz und gar; zusammen**
I forgot my homework altogether, when I got your letter.	Ich vergaß meine Hausaufgaben ganz und gar, als ich deinen Brief erhielt.
always	**immer, stets**
We always take the same bus to school.	Wir nehmen immer denselben Bus zur Schule.

B Übersetzungsaufgaben

1. This old box is too heavy for me to lift. We need two men at least.
2. This box is for old newspapers only. Please, don't put the latest paper there.
3. - What is that tool for? - I can't tell you either.
4. What was he looking for?
5. I hope you will pay for the damage at last.
6. I found that house by chance. It suits me very well, for it isn't too large.

5. Möglichkeit: ***"for"* in Verbindung mit einer Zeitangabe**

Bei dieser Möglichkeit verbindet sich mit *"for"* immer die Angabe einer Zeitspanne (Zeitraum):

"for a year - for some time - for a few weeks - for a long time"

Steht bei dieser Möglichkeit der zu übersetzende **Satz nicht im Present perfect (continous),** ist auch die Übersetzung bei dieser 5. Möglichkeit nicht mit besonderen Schwierigkeiten verbunden.

Beispiele:

I learned to play the piano for five years.
Ich lernte fünf Jahre lang Klavier.

He will be away for the next five days.
Er wird die nächsten fünf Tage weg sein.

We go to the seaside for three weeks every August.
Wir fahren jeden August für drei Wochen ans Meer.

Useful vocabulary	Nützliche Wörter
not ... at all	**überhaupt nicht/ überhaupt kein(e/n)**
I don't like any tea at all.	Ich mag überhaupt keinen Tee.
last	**letzte(r); vorige(r); zuletzt**
When did you see him last?	Wann hast du ihn zuletzt gesehen?
(to) last	**(an)dauern; ausreichen**
I'm sure that bad weather won't last for a long time.	Ich bin sicher, dieses schlechte Wetter wird nicht lange andauern.
late	**(zu) spät; verstorben**
Ah yes, you're late again, Ben.	Ach ja, du kommst (mal) wieder zu spät, Ben.
The late bishop will be buried in his home town.	Der verstorbene Bischof wird in seiner Heimatstadt begraben werden.

Steht der zu übersetzende Satz mit einer Zeitangabe mit **"for"** jedoch **im Present perfect (continous),** so ist bei der Übersetzung besondere Sorgfalt geboten. Dies hängt mit dem Gebrauch des *"Present perfect"* im Englischen zusammen. Hier wird das englische *"for"* mit "seit" übersetzt, denn in diesem Fall drückt die Zeitangabe aus, wie lange ein Vorgang oder Zustand bereits andauert. Das Deutsche verwendet in diesen Fällen - außer häufig in verneinten Sätzen - dagegen das Präsens.

Beispiele:

I have lived in this house for 15 years.
Present perfect

Ich wohne seit 15 Jahren in diesem Haus.
Präsens

Im verneinten Satz:
I haven't seen her for a month.
Ich habe sie seit einem Monat nicht gesehen.

Use of tenses
Gebrauch der Zeiten

Useful vocabulary	Nützliche Wörter
what ... like	**wie**
What was the film like?	Wie war der Film?
how	**wie**
I can't tell you how it happened.	Ich kann Ihnen nicht sagen, wie es passiert ist.
(to) look like	**aussehen wie**
What does he look like?	Wie sieht er aus?
It looks like rain.	Es sieht nach Regen aus.
(to) look after	**sich kümmern um, betreuen**
Who will look after her dog when she is away.	Wer wird sich um ihren Hund kümmern, wenn sie weg ist?

B Übersetzungsaufgaben

7. We've already known him for almost ten years.
8. His flat has been empty for four weeks altogether.
9. I've been here for a week, but I haven't seen anything at all.
10. They have been waiting for hours.
11. For the past days I've always been suffering from a bad toothache.
12. She had worked for three years before she got married all at once.
13. We haven't had a holiday for seven years. Imagine, our last holiday was in 1979.
14. He worked for that American firm for three months only, but for his present firm he has worked for ten years now.
15. By July I'll have been here for three years altogether.
16. The late artist lived in Hawaii for three years.
17. You must stay in England for six weeks at least, if you want to improve your English.

6.2 Sätze mit "since"

A Erläuterungen

Ähnlich wie bei den Sätzen mit *"for"* ist auch bei Sätzen mit *"since"* der Zusammenhang im Text und Satz für die Wahl der richtigen Übersetzung entscheidend.

Useful vocabulary	**Nützliche Wörter**
	FOR REVISION ONLY
not ... either	**auch ... nicht**
He isn't in the house, and he isn't in the garden either.	Er ist nicht im Haus, und im Garten ist er auch nicht.
almost	**fast, beinahe**
It was almost dark, when we arrived in Leeds.	Es war fast dunkel, als wir in Leeds ankamen.
not ... at all	**überhaupt nicht/überhaupt kein(e/n)**
I don't like any tea at all.	Ich mag überhaupt keinen Tee.
how	**wie**
I can't tell you how it happened.	Ich kann Ihnen nicht sagen, wie es passiert ist.

1. Möglichkeit: **engl. "since" = dt. "da, weil"**

They had to stop work, since there was no money to pay the workers.

Sie mußten die Arbeit einstellen, da/weil kein Geld da war, um die Arbeiter zu bezahlen.

2. Möglichkeit: **"since" in Verbindung mit einer Zeitangabe**

Bei dieser Möglichkeit verbindet sich *"since"* immer mit der Angabe eines Zeitpunkts in der Vergangenheit. Dabei kommen hauptsächlich zwei Möglichkeiten vor:

a) als Umstandsangabe der Zeit
John has had this bike since June.
John besitzt dieses Fahrrad seit Juni.

b) als Nebensatz
John has had this bike since he was sixteen.
John besitzt dieses Fahrrad seit er sechzehn war.
(seit seinem sechzehnten Lebensjahr.)

Das in den englischen Beispielen vorkommende *"Present perfect"* verlangt bei der Übersetzung die Wiedergabe als *deutsches Präsens.* Dies hängt mit dem Gebrauch des *"Present perfect"* zusammen, denn mit der *"since"*-Zeitangabe wird ausgedrückt, wann ein noch andauernder Vorgang oder Zustand begonnen hat.

G	Use of tenses
	Gebrauch der Zeiten

Useful vocabulary	**Nützliche Wörter**
	FOR REVISION ONLY
at least	**wenigstens, mindestens**
Even if your job is boring, at least you have enough money to pay for everything.	Selbst wenn deine Arbeit langweilig ist, so hast du wenigstens genug Geld, um alles bezahlen zu können.
late	**zu spät; verstorben**
Ah yes, you're late again, Ben.	Ach ja, du kommst (mal) wieder zu spät.
The late bishop will be buried in his home town.	Der verstorbene Bischof wird in seiner Heimatstadt begraben werden.
what ... like	**wie**
What was the film like?	Wie war der Film?

She	*has been waiting here* Present perfect	*since 5 o'clock.* Umstandsangabe.
Sie	wartet seit 5 Uhr Präsens	hier.
I	*have known him* Present perfect	*since he was a little boy.* Nebensatz
Ich	kenne ihn Präsens	seit er ein kleiner Junge war.

Für verneinte Formen des Present perfect mit "*since*" gilt wie für die Sätze mit "*for*", daß hier das deutsche Präsens oft nicht gebraucht wird:

I haven't been here since July.
Ich bin seit Juli nicht mehr hier gewesen.

B Übersetzungsaufgaben

18. She can't come with me, since she is ill.
19. I haven't watched TV since we moved to our new house.
20. - What's your car like?
    - I can't tell you. I've had the car since Monday only.
21. We've been waiting for you since Monday.
22. I've been looking after our neighbours' cat since Christmas.
23. We've had neighbours from Britain since March.
24. Since it's such a fine day, let's go for a walk.
25. - John hasn't been able to work since he had that accident.
    - How did it happen?
    - No idea.
26. Since we hadn't paid our bill, our heating was cut off.
27. - What are your new neighbours like?
    - Oh, no! How can I tell you? They've been here since 3 o'clock!
28. The author has lived in Liverpool since 1986.

Killer freed after 26 years

By Aileen Ballantyne

Mr Kenneth Barloe, Britain's second longest serving prisoner, was yesterday released from gaol after 26 years of a life sentence for the murder of his wife.

Neither the Home Office ...

... low has always protested his innocence.

Mr Graham Betts, a senior probation officer who has been involved with Mr Barlow's case for the past nine years, said the sentence had always seemed unusually long.

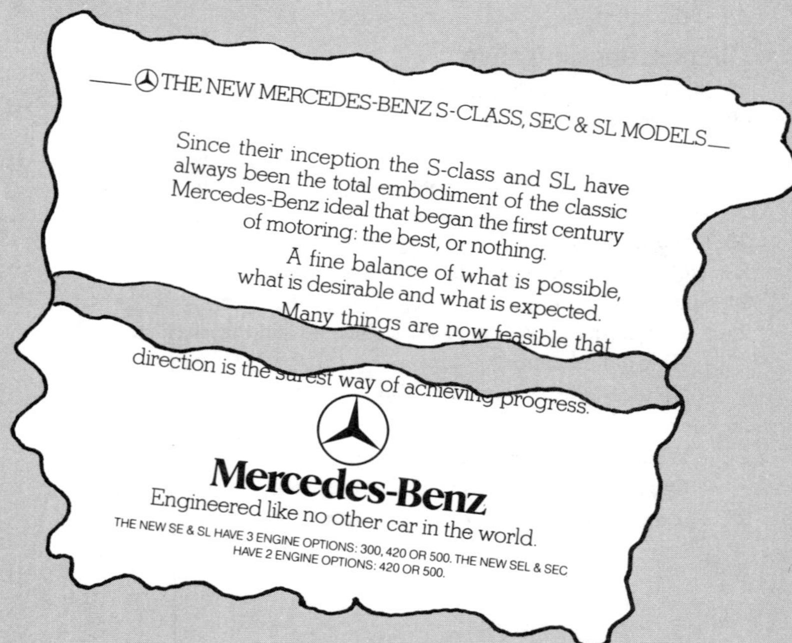

---

freed: hier: in Freiheit - **(to) serve**: hier: eine Haftstrafe verbüßen - **(to) release**: entlassen - **gaol**: Gefängnis - **life sentence**: Urteil zu lebenslänglicher Haft - **innocence**: Unschuld - **probation officer**: Bewährungshelfer - **(to) involve**: zu tun haben mit - **inception**: Beginn - **embodiment**: Verkörperung - **desirable**: erwünscht

7 Tückische Konstruktionen

Unter dieser Überschrift sollen zwei Bereiche mit Konstruktionen angesprochen werden, die sich bei der Übersetzung aus dem Englischen als besonders fehlerträchtig und somit tückisch erweisen.

7.1 "Etwas tun lassen"

A Erläuterungen

Will man das deutsche Wort "lassen" ins Englische übersetzen, muß man etliche englische Entsprechungen berücksichtigen. Doch ist die Übersetzung ins Englische nicht das Thema dieses Heftes. Hier können wir uns auf eine Konstruktion mit der Grundbedeutung "etwas tun lassen" beschränken, die allerdings bei der Übersetzung ins Deutsche oft nicht als solche erkannt wird, weil sie wie eine deutsche Perfekt- oder Plusquamperfekt-Konstruktion gebaut ist.

Vergleiche folgende Beispiele:

(1) *I had repaired my motor-bike before I went for a holiday.*
Past perfect

Ich hatte mein Motorrad repariert, bevor ich in Urlaub fuhr.
Plusquamperfekt

Useful vocabulary	Nützliche Wörter
at any rate	**auf jeden Fall**
- Are you going to see that film?	- Wirst du dir den Film ansehen?
- Oh yes, at any rate. -	- Oh ja, auf jeden Fall.
recently	**neulich, vor kurzem**
- Have you ever been to Spain?	- Sind Sie schon einmal in Spanien gewesen?
- Yes, we were there recently.	- Ja, wir waren vor kurzem dort.
at present	**jetzt, momentan**
I need no help at present.	Ich brauche im Moment keine Hilfe.
in vain	**vergeblich**
We waited in vain for our bus.	Wir warteten vergeblich auf unseren Bus.
on the contrary	**im Gegenteil**
This book is not boring at all, on the contrary, it is very exciting.	Dieses Buch ist überhaupt nicht langweilig, im Gegenteil, es ist sehr spannend.

(2) *I had my motor-bike repaired*
Past object + object complement

Ich ließ mein Motorrad reparieren.

Das Partizip "*repaired*" im Beispiel (2) stellt nicht einen Teil des Prädikats dar, sondern ist eine Ergänzung zum Objekt des Satzes.
Das Wort "*had*" ist hier der einzige Prädikatsteil. Entsprechend steht der zweite Beispielsatz auch im "*Past tense*".

Causative have
(etwas machen) lassen

Neben der Übersetzung ins richtige Tempus sind auch die Frageformen, die verneinten Formen und die Verbindungen mit Modalverben zu beachten.

Vergleiche folgende Beispiele:

(1)	*I had*	*my car repaired.* object + past participle Dieser Teil des Satzes bleibt unverändert.
	Ich ließ	mein Auto reparieren.
(2)	*I don't have*	*my car repaired*
	Ich lasse	mein Auto nicht reparieren.
(3)	*I have had*	*the letter translated.*
	Ich habe	den Brief übersetzen lassen.

Useful vocabulary	**Nützliche Wörter**
not ... either	**auch nicht**
I can't help you either.	Ich kann dir auch nicht helfen.
by the way	**übrigens**
By the way, did you see the TV programme on books yesterday?	Übrigens, hast du gestern die Fernsehsendung über Bücher gesehen?
instantly	**sofort**
The driver was killed instantly in the crash.	Der Fahrer wurde beim Zusammenstoß sofort getötet.
fortunately	**glücklicherweise, zum Glück**
Fortunately it was a fine day for your birthday party.	Zum Glück war es ein schöner Tag zu deiner Geburtstagsparty.

(4)	*I can have* Ich kann	*the car washed.* den Wagen waschen lassen.
(5)	*I must have* Ich muß	*the bike repaired.* das Fahrrad reparieren lassen.
(6)	*I had to have* Ich mußte	*the bike repaired.* das Fahrrad reparieren lassen.
(7)	*Did you have to have* Mußtest du	*your teeth pulled?* dir die Zähne ziehen lassen?

B Übersetzungsaufgaben

1. At last I found a workshop where I had my car repaired instantly.
2. We got a letter from Spain, but we aren't able to read it. So we must have it translated.
3. By the way, when did you have the grass cut?
4. Our car isn't too dirty, but I'm going to have it washed at any rate.
5. I couldn't repair our typewriter either. I only tried, but in vain. So I had it repaired.
6. Where is your long hair? Did you have to have it cut because of your father?
7. We are having our house painted at present.
8. How often do you have your car checked?
9. Tom has just had a computer installed in his room.
10. - Did he paint the house himself?
    - No, on the contrary, he had it painted recently.

Useful vocabulary	**Nützliche Wörter**
obvious(ly)	**offensichtlich; offenbar, anscheinend**
Obviously she is very happy with him.	Offenbar ist sie sehr glücklich mit ihm.
some day	**eines Tages**
I'm sure we'll meet again some day.	Sicher treffen wir uns eines Tages wieder.
shortly	**bald, in Kürze; kurz**
They arrived shortly before noon.	Sie kamen kurz vor Mittag an.
the other day	**neulich, unlängst**
We saw her only the other day.	Wer sahen sie erst neulich.
the ... the ...	**je ... desto ...**
There more you eat the fatter you get.	Je mehr du ißt, desto dicker wirst du.

7.2 Verben im Englischen - Adverbien im Deutschen

A Erläuterungen

Häufig stehen im Englischen verbale Ausdrücke dort, wo wir vom Deutschen her Adverbien gewohnt sind.

Beispiele:

(1) *I happened to meet my English teacher in Manchester.*
Zufällig traf ich meinen Englischlehrer in Manchester.

(2) *My friends like to listen to jazz records.*
Meine Freunde hören gern Jazz-Platten.

Die wichtigsten dieser verbalen Ausdrücke werden in den folgenden Beispielsätzen mit deutscher Entsprechung aufgeführt. Beim Übersetzen muß bei einigen dieser Wendungen der Zusammenhang entscheiden, ob man die jeweilige Wendung mit einem Adverb oder einem Verb übersetzt.

(3) *Let's hope the weather gets better tomorrow.*
Hoffentlich wird das Wetter morgen besser.
(Wir wollen hoffen, daß ...)

(4) *He enjoys playing chess.*
is fond of
likes to play chess.
Er spielt gern Schach.

Useful vocabulary	Nützliche Wörter
apparent(ly)	**offenbar, anscheinend**
Apparently his car was undamaged after the accident.	Sein Auto war offenbar nach dem Unfall unbeschädigt.
particular(ly)	**besonders**
She is particularly fond of chocolate cake.	Schokoladekuchen mag sie ganz besonders.
probably	**wahrscheinlich**
We are probably going to be late because of the fog.	Wir werden wegen des Nebels wahrscheinlich zu spät kommen.
meanwhile	**währenddessen, inzwischen**
Jack phoned for an ambulance; meanwhile we stayed with the patient.	Jack telephonierte nach einem Krankenwagen, währenddessen blieben wir bei dem Patienten.

(5) *He prefers to read books*
Er liest lieber Bücher.

(6) *She kept asking me silly questions.*
Sie stellte mir dauernd dumme Fragen.

(7) *He continued working as if nothing had happened.*
Er arbeitete weiter, als ob nichts passiert wäre.

(8) *I hope she will return in time.*
Hoffentlich kommt sie rechtzeitig zurück.

Ähnliches ist bei einigen Wendungen der Form "*(to) be + Adjective*" möglich:

(9) *He's fond of playing chess*
Er spielt gern Schach.

(10) *She is likely to be at home.*
Sie ist wahrscheinlich zu Hause.

(11) *I'm sorry I must go.*
Leider muß ich gehen.

(12) *I'm sure he'll come.*
Sicherlich wird er kommen.

(13) *I suppose he missed his bus.*
Vermutlich hat er seinen Bus verpaßt.

(14) *I haven't got enough time for that, I'm afraid.*
Ich habe dafür leider nicht genügend Zeit.

Useful vocabulary	**Nützliche Wörter**
FOR REVISION ONLY	
at any rate - Are you going to see that film? - Oh yes, at any rate.	**auf jeden Fall** - Wirst du dir den Film ansehen? - Oh ja, auf jeden Fall.
not ... either I can't help you either.	**auch nicht** Ich kann dir auch nicht helfen.
obvious(ly) Obviously she is very happy with him.	**offensichtlich, offenbar, anscheinend** Offensichtlich ist sie sehr glücklich mit ihm.
particular(ly) She is particularly fond of chocolate cake.	**besonders** Schokoladenkuchen mag sie ganz besonders.

B Übersetzungsaufgaben

11. I'm sure to meet her at school.
12. She happened to be at home the other day when I phoned her.
13. Who doesn't prefer playing to working?
14. They aren't likely to know anything about it.
15. Let's hope they will be successful some day.
16. My friend's father happens to be my boss.
17. My mother is fond of looking at shop windows.
18. The members of the pop group are likely to arrive shortly.
19. My sister liked to play the guitar, particularly with friends.
20. I'm sorry to say you are wrong.
21. He obviously keeps on making stupid mistakes.
22. She is likely to fail the maths test, if she continues wasting her time.
23. Your grandfather apparently prefers going by taxi.
24. I suppose you can't come back later on.
25. I can't help you, I'm afraid.

Useful vocabulary	**Nützliche Wörter**
FOR REVISION ONLY	
in vain	**vergeblich**
We waited in vain for our bus.	Wir warteten vergeblich auf unseren Bus.
fortunately	**glücklicherweise; zum Glück**
Fortunately it was a fine day for your birthday party.	Zum Glück war es ein schöner Tag zu deiner Geburtstagsparty.
the other day	**neulich, unlängst**
We saw her only the other day.	Wir sahen sie erst neulich.
some day	**eines Tages**
I'm sure we'll meet again some day.	Sicher treffen wir uns eines Tages wieder.

Only use water for necessities, not luxuries. Because the more you cut down on your water consumption, the more the strain will be taken off the system. And the more likely it is that you'll keep your water supply.

TAKE CARE

TAKE CARE OF WATER AND HOW YOU USE IT

Issued by the National Water Council on behalf of the water industry.

ADVENTUROUS?

You need to be to work for PGL! We're looking for energetic, outdoor types who enjoy working with children to act as adventure leaders on Holiday Camps. We offer free board and accommodation, pocket money and our own training schemes plus opportunities to learn canoeing, sailing and other activities.

Write to Jane Brimble,
PGL Young Adventure Ltd.,
816 Station Street,
Ross on Wye,
Herefordshire, HR9 7AH.
Tel: 0989 4211.

---

necessity: Notwendigkeit - **(to) cut down**: einschränken - **consumption**: Verbrauch - **strain**: Belastung - **water supply**: Wasserversorgung - **adventurous**: abenteuerlustig - **board and accommodation**: Unterkunft und Verpflegung - **opportunity**: Möglichkeit - **(to) canoe**: Kanu fahren

8 Lösungen

Alle hier angegebenen Lösungen können jeweils nur ein Beispiel für eine von mehreren Lösungsmöglichkeiten sein. Die Lösungsbeispiele berücksichtigen dabei schwerpunktmäßig die in den einzelnen Kapiteln vorgeführten Übersetzungsmöglichkeiten.

8.1 Lösungen zu Kapitel 1

1. Sie erwartete, das Rennen zu gewinnen.
2. Wir hoffen, Sie/dich bald zu sehen.
3. Sie versprach, pünktlich heimzukommen.
4. Sie sagte ihm, er solle warten.
5. Es gelang ihnen nicht, rechtzeitig zum Bahnhof zu kommen.
6. Der Griff an der Tür fehlte. Deshalb warnte er mich davor, die Tür in der Zwischenzeit zu schließen.
7. Sein einziges Ziel war, jene Arbeit im Nu zu erledigen.
8. Wir glaubten, daß sie eine gute Schülerin war/sei, weil sie im Nu ihren Testbogen/ihre Prüfungsarbeit zurückgab.
9. Die Leute in der Stadt wollten, daß die Regierung ihre Wohnverhältnisse verbessere.
10. Viele Leute wünschen nicht, daß das Düsenflugzeug Concorde in Paris landet.
11. Frau Brown möchte, daß ihr Sohn Arzt wird.
12. Ich möchte, daß Jean zu unserer Party kommt.
13. Ich habe ihn (dazu) überredet, sein Motorrad in der Zwischenzeit nicht zu benutzen.
14. Sie erlauben (es) nicht, daß Touristen die Picasso-Bilder berühren.
15. Wissenschaftler haben errechnet, daß die Sonne fast 100 Millionen Meilen entfernt ist.
16. Wir wollen nicht, daß unsere Häuser im nächsten Frühjahr abgerissen werden.
17. Ich hätte (es) gerne, daß Jean zu unserer Party kommt.
18. Wir wünschen, daß die Regierung uns rechtzeitig informiert.
19. Ich habe Jean gebeten, zu unserer Party zu kommen.
20. Der Chef wünscht, daß jeder pünktlich mit der Arbeit beginnt.
21. Ich muß Jim raten, ein bißchen höflicher zu sein.
22. Mutter bat uns, ihre Möbel vorläufig nicht umzustellen.
23. Er wird nie wissen, wie man einen Computer benutzt/benutzen kann.
24. Was mich anging, so konnte ich mich nicht erinnern, wie man ein Telephon in Großbritannien bedient.

25. Sie weiß nicht, woher man Hilfe bekommen kann. Es kann sein, daß sie hier neu ist.
26. Susan weiß immer, wen sie fragen kann. Vielleicht kann sie dir helfen.
27. Mein Bruder sagte mir, wo ich den neuen Computerladen finde/finden kann.
28. Ich weiß nicht, ob ich den Film anschauen oder das Buch lesen soll.
29. Können Sie/Kannst du mir bitte sagen, wie man zum Bahnhof kommt.
30. Ich hatte keine Ahnung, wie man mit ihr in Kontakt kommen könnte. Sie war so schüchtern.
31. Wir müssen jetzt entscheiden, ob wir das Auto hier parken oder es mit in das Stadtzentrum nehmen. Aber ich will das nicht stundenlang diskutieren.
32. Hat er dir gesagt, welchen Weg man hinter York nehmen muß?
33. Ich glaube, wir können uns darauf verlassen, daß John sein Bestes tut, weil er ein guter Mann für diese Arbeit ist.
34. Der alte Mann auf der Bank (Sitzbank) rief den Kindern zu, daß sie nicht an dem gefährlichen Flußufer spielen sollten.
35. Das kleine Mädchen wartete sehnsüchtig darauf/sehnte sich danach, daß seine Mutter aus der Bank (heraus)käme.
36. Mr Brent wartete drinnen darauf, daß der Briefträger käme, während Bully, sein Hund draußen darauf wartete, daß der Briefträger vom Baum herunterkäme.
37. Zuerst mochte Mrs Hart den Gedanken/die Idee nicht sehr, aber schließlich ließ sie ihre Tochter letztes Wochenende das Auto der Familie steuern/lenken. (... ließ sie es zu, daß ...)
38. Es wäre besser, wenn du ab und zu etwas Sport treiben würdest.
39. Warum ließ der Polizist ihn seinen Führerschein zeigen? (... veranlaßte der Polizist ihn, ...)
40. Wir würden heute abend lieber nicht so viel essen.
41. Leider läßt er seinen Sohn nicht selbst entscheiden. (... läßt er es nicht zu, daß ...)
42. Es wäre besser, wenn wir nicht den letzten Bus nähmen, wir könnten ihn nochmals verpassen.
43. Du kannst mich nicht dazu bringen, alles zu glauben, was du sagst.
44. Ich würde lieber ununterbrochen arbeiten. Zeit ist nämlich Geld.
45. Es wäre besser, du versteckst deinen Rucksack unter den Büschen.
46. - Ich höre, er hat ganz plötzlich seine Arbeitsstelle gewechselt.
    - Ja, letzten Monat haben sie ihm nahegelegt, sie zu wechseln. (... veranlaßten sie ihn, ...)
47. Der Schulleiter ließ uns nur einmal den Schulhof saubermachen. (... zwang uns ...)
48. - Würdest du nicht lieber heute abend Fußball spielen und deinen Onkel morgen besuchen?
    - Es wäre besser, wenn ich ihn jetzt besuche.
49. Mary bestand als einzige die Fahrprüfung. Mary war die einzige, die ...
50. Welches ist die beste deutsche Illustrierte, die man lesen kann?

51. Warum bin ich immer der letzte, der die Zeitung bekommt? Warum bekomme ich immer als letzter ...?
52. Eines der wichtigsten Dinge, um Verletzungen bei Autounfällen zu vermeiden, ist das Anlegen der Sicherheitsgurte.
53. John war als erster beim Zoll, aber sein Gepäck wurde als letztes kontrolliert. (... der erste, der beim Zoll ankam, aber ... war das letzte, das ...)
54. Unser Mathematiklehrer war wirklich ärgerlich, weil Jill als dritte Schülerin die gleiche Frage stellte. (... weil Jill die dritte Schülerin war, die ...)
55. Seine beliebtesten Bücher, die herauskamen, waren "Silver Shadow" und "Golden House".
56. Whitby ist ein schöner Ort, um den Urlaub dort zu verbringen.
57. Sallys Mutter nähte ein neues Kleid, das ihre Tochter an ihrem Geburtstag tragen kann.
58. Es gab niemanden, mit dem unsere Kinder spielen konnten.
59. Steve, ich habe diese Brieftasche nicht gekauft, damit du sie am nächsten Tag verlieren kannst.
60. John will einen neuen Anzug, den er an seiner Geburtstagsparty tragen kann.
61. Hier ist eine Liste mit Dingen, die Sie am Samstag tun müssen/dürfen/sollen.
62. Ich werde eine (Land-)Karte kaufen, damit du jene Orte in Cornwall finden kannst/findest. (..., damit ihr/Sie ...)
63. Das ist ein spezieller Computer, mit dem man Briefe schreiben kann. (... ein Computer zum Briefeschreiben)
64. Vater kaufte eine neue Aktentasche, die ich bei der Arbeit benutzen soll/kann.
65. Tante Mary schickte eine neue (Schul-)Mappe, die Jill nächstes Jahr benutzen soll/kann.

8.2 Lösungen zu Kapitel 2

1. Musikhören bereitet mir Freude.
2. Man braucht zum Lesen von Büchern viel Zeit.
3. Das Kochen indischer Gerichte ist nicht leicht.
4. Er bestand auf der Bezahlung der Rechnung.
5. Ihm ist heute nicht nach Radfahren zumute.
6. Mir macht es nichts aus, zweiter Klasse zu reisen.
7. Abends genießen wir es, gute Filme anzuschauen.
8. Charlie gab zu, die Scheibe kaputtgemacht zu haben.
9. Wir sollten (es) vermeiden, mit unseren Nachbarn zu streiten.
10. Er war damit beschäftigt, sein Auto zu putzen.
11. Es lohnt sich, etwas über Automotoren zu wissen.
12. In diesem Fall ist es sinnlos, sich zu beschweren.
13. Ich kann es nicht vermeiden, daß ich ihn jeden Tag bei der Arbeit sehe.

14. Man kann nicht sagen, was passieren wird.
15. Ich habe nichts dagegen, daß Paul und Peter einen großen Teil ihrer Zeit mit Fußballspielen verbringen.
16. Ich schlage vor, daß wir nächstes Wochenende ans Meer fahren.
17. Ich denke, es hat keinen Sinn, wenn Sie sie fragen. Sie kann Ihnen nichts über den Unfall erzählen.
18. Haben Sie etwas dagegen, wenn/daß ich die Tür schließe?
19. Hör auf, Mary! Es hat keinen Sinn, daß du mich anschreist.
20. Der Fahrer des Wagens gab zu, daß er keinen Führerschein hatte.
21. Es gelang ihr, jene schwere Prüfung zu bestehen.
22. Wir entschuldigten uns für unser Zuspätkommen.
23. Die Browns denken daran, ihr Haus zu verkaufen.
24. Am Ende jedes Jahres haben es die Schüler satt zu lernen.
25. Vor dem Krieg waren wir daran gewöhnt, samstags zu arbeiten.
26. Ich bedaure oft, daß ich nicht Französisch gelernt habe.
27. Ich bin daran gewöhnt, abends einkaufen zu gehen.
28. Uns war gestern nicht danach (zumute) auszugehen.
29. Er bestand darauf, mich nach Hause zu bringen.
30. Er war betrunken, und glücklicherweise konnten wir ihn davon abhalten, mit dem Wagen nach Hause zu fahren.
31. Ist es ihr schon gelungen, eine Arbeit zu finden?
32. Wir hatten etwas dagegen, so früh aufzubrechen/wegzugehen.
33. Das Einsammeln des Geldes für sein Geburtstagsgeschenk dauerte drei Tage.
34. Bei ihrer Ankunft in Leeds wurde Jean von ihrem Vater willkommengeheißen.
35. Sie beschuldigten Oliver zu lügen.
36. Obwohl sie sich krank fühlte, ging sie jeden Tag zur Arbeit.
37. Der Lehrer hatte etwas dagegen/mißbilligte es, daß sie sich so schlecht benahm.
38. Er ging, ohne ein Wort zu sagen.
39. Nachdem wir einige Tage in York verbracht hatten, fuhren wir nach Whitby.

8.3 Lösungen zu Kapitel 3

1. Die gestern nacht verhafteten Einbrecher hatten versucht, einen Safe zu öffnen./Die Einbrecher, die gestern nacht verhaftet wurden, ...
2. Das Mädchen, das (da) die Straße entlanggeht, ist meine Freundin.
3. In Japan und Korea hergestellte Autos sind oft billiger als in Europa hergestellte./Autos, die in Japan und Korea hergestellt wurden/werden, sind oft billiger als jene, die in Europa hergestellt wurden/werden. *(Diese Aussage des Satzes ist auch für die (überschaubare) Zukunft gültig, deshalb kann der Relativsatz in zwei Zeiten stehen.)*

4. Die Reporter befragten die in der Mill-Street lebenden Leute über ihre Meinung./... befragten die Leute, die in ... wohnten ...
5. Zwei der von der Polizei gefaßten Räuber entkamen vorgestern./Zwei der Räuber, die die Polizei gefaßt hatte, ...
6. Jean kannte den Mann, der neben dem Haus ihres Vaters wohnte.
7. Eine Dose Kaffee wird, selbst wenn man sparsam (damit) umgeht, nicht sechs Wochen reichen.
8. Während er das Buch durchsah, bemerkte Jack, daß es viele Illustrationen enthielt.
9. Nachdem er die Neuigkeit gehört hatte, rief er seine Frau an, obgleich sein Chef zuhörte.
10. Während er dem Regen lauschte, erinnerte er sich an das schöne Wetter des Vortages.
11. Bevor er sich (dazu) entschied, jene teuren Bücher zu kaufen, wollte er mit seinem Bruder sprechen.
12. Obwohl sie vollkommen abgeschnitten waren, gelang es den Männern, am Leben zu bleiben.
13. Wenn man ihn freundlich behandelt, wird der Hund dem Menschen immer ein guter Freund sein.
14. Als er versuchte eine Schlägerei zu beenden, wurde Mr Wood verletzt.
15. Da er fror, zog er seinen Pullover an.
16. Nachdem er Tee und Sandwiches/belegte Brote bestellt hatte, zog er eine Zeitung heraus.
17. Da er nicht in Eile war/es nicht eilig hatte, ging er zu Fuß nach Hause.
18. Nachdem ich mein Buch abgelegt/niedergelegt hatte, ging ich rüber zum Telefon.
19. Nachdem er die Weinkarte durchgesehen hatte, fand Mr Hunter, daß die Preise sehr hoch waren.
20. Da ich nicht wußte, was ich tun sollte, rief ich die Polizei an.
21. Da ich meine Studien/mein Studium nicht fortsetzen wollte, entschied ich mich, Briefträger zu werden.
22. Nachdem seine Unschuld schließlich bewiesen war, wurde Gilbert endlich freigelassen.
23. Da so viele Unfälle passieren, sollten wir wirklich nicht so schnell fahren.
24. Da die Browns die meiste Zeit in Leeds arbeiten, scheint ihr Haus die ganze Zeit leer zu sein.
25. Weil ein Auto die Straße versperrte/blockierte, mußte der Bus ganz plötzlich bremsen.
26. Du kannst nicht zur Arbeit gehen, wenn dein Magen so schrecklich schmerzt./ Du kannst mit so schlimmen Magenschmerzen ...
27. Da Korea so preiswert/billig Textilien produziert, wird es sicherlich Aufregung auf dem europäischen Markt verursachen.

28. Da die Banken wegen Streik geschlossen waren, konnten viele Touristen überhaupt kein spanisches Geld bekommen.
29. Die Liverpool-Fans verließen das Stadion und sangen ihre Lieder.
30. Übersetze diese Sätze, indem du Relativsätze benutzt.
31. Wir standen auf dem Bahnsteig und warteten auf den Zug nach London.
32. Sie verließen das Kino nach einer halben Stunde, wobei sie versuchten, das Publikum nicht zu stören.
33. Wir saßen auf dem Sofa und träumten von unseren nächsten Ferien.
34. Genaugenommen ist das amerikanische Englisch eine eigene Sprache.
35. Wenn es die Umstände erlauben, können wir nächsten Monat in unser neues Haus ziehen.
36. Da wir gerade vom Geld sprechen, würde ich gerne wissen, wieviel du für das Auto bezahlt hast.
37. Wenn es die Zeit erlaubt, wird der Präsident einige Städte im Süden besuchen.
38. Ehrlich gesagt, ich würde diesen Home Computer nicht kaufen. Er ist nur ein Spielzeug.
39. So Gott will, werden wir alle gerettet werden.
40. Von ihrer Kleidung her zu urteilen, hat sie eine gutbezahlte Arbeit.
41. Ganz allgemein gesagt sind Frauen bessere Autofahrer als Männer.

8.4 Lösungen zu Kapitel 4

1. Das ist der Hund, der den Briefträger gebissen hat.
2. Charles, der mein Auto repariert hat, ist gut in seinem Beruf.
3. Der Hund, vor dem du Angst hast, gehört Herrn Brown. (... vor dem Sie ...)
4. Das Mädchen, dessen Photo du in der Illustrierten gesehen hast, ist meine Schwester.
5. Der Film handelte von einem Gangster, den die Polizei nie gefaßt hatte.
6. Die Männer, mit denen ich arbeite, sind alle sehr freundlich.
7. Das Buch, das du mir gegeben hast, war nicht gut, aber wenigstens interessant. (... Buch, das Sie ...)
8. Die Blumen, die er Susan geschenkt hat, waren wunderbar.
9. Die Methode/das Verfahren, mit der/dem sie ihr neues Produkt herstellen, ist ein Geheimnis/geheim.
10. Der Vater meiner Frau, der bei uns wohnt/lebt, segelt sehr gerne.
11. Das ist das Buch, dessen Autor unbekannt ist.
12. Jean ist das Mädchen, das Helens Bruder nach sieben Jahren endlich geheiratet hat.
13. Seine Frau kam nicht zur Party, was nicht überraschte.
14. Jill bekam eine bessere Arbeit, was genau das war, was sie gewollt hatte.
15. John macht nie seine Hausaufgaben, was sehr dumm von ihm ist.

16. Das ist der Berg, den wir vor ungefähr zwanzig Jahren zu besteigen versuchten.
17. Chinesisch ist eine Sprache, die ich für schwer erlernbar halte.
18. Bringen Sie mir/Bringe mir irgendeine Zeitung, die Sie/du auf dem Weg zum Bahnhof bekommen können/kannst.
19. All die berühmten Kirchen, die wir besichtigten, waren mit Touristen über füllt/voller Touristen.
20. Der Mann, den John gestern getroffen hat, war ein alter Schulfreund von ihm.
21. Die Bücher, die du für deine Hausaufgaben brauchst, sind alle in der Bücherei/Bibliothek. (... die Sie ...)
22. Der junge Mann, den wir zufällig bei Alan trafen, ist ein Student, der Arzt werden will.
23. Der Mann, den Richard am Hotel treffen wollte, war jedoch nicht da.
24. Der Ring, den Ron seiner Frau gab/schenkte, gehörte seiner Mutter.
25. Die Musik, die du gerade (an)hörst, ist von Mozart. (... die Sie ...)
26. Das Hotel, in dem wir wohnten, war wunderbar.
27. Das Bild, das Sie gerade anschauen, ist von meinem Großvater (gemalt). (... das du ...)
28. Der Tag, auf den sich Kinder immer freuen, ist Weihnachten.
29. Tabak ist eine Droge, ohne die viele Leute nicht auskommen können.
30. Das Zimmer, in dem Peter arbeitet, ist sehr klein.
31. Diejenigen, denen man Rat gibt, beachten ihn selten. (... hören selten darauf.)
32 Die meisten Amerikaner, mit denen Brian arbeitete, waren Schwarze.
33. Wann ist die Prüfung, über die Sie sich solche Sorgen machen? (... über die du ...)
34. Das Mädchen, mit dem Alice zur Schule geht, kommt aus Jamaica.

8.5 Lösungen zu Kapitel 5

1. Sofort nach seinem Herzanfall wurde er ins Krankenhaus gebracht. Aber ich kann Ihnen nicht den genauen Zeitpunkt nennen.
2. Unser nächstes Treffen wird im Januar abgehalten (werden). Dann können wir über aktuelle Zahlen sprechen.
3. Dieses Flugzeug wird in England hergestellt.
4. Ist eine grün-gelbe Schultasche im Zug nach York gefunden worden?
5. Ihre Adresse muß in Druckschrift eingetragen werden.
6. Dieses Buch muß bis Ende März zurückgegeben werden.
7. Mehrere Städte sind durch den Wirbelsturm zerstört worden. Die momentane Lage in dieser Gegend ist schrecklich.
8. Man sagte ihr, wo sie ihn treffen könnte.
9. Am Wochenende half Charly seinem Onkel. Und es wurde ihm dafür ein Geschenk versprochen.
10. Ich bin sicher, man wird dich warnen.

11. Sei vorsichtig, man wird dir viele Fragen stellen. Aber warum solltest du nicht zur Abwechslung die Fragen stellen?
12. Bis die Leute gerettet wurden, war viel Schaden angerichtet worden.
13. Sowohl er als auch seine Frau sind Leute, denen man trauen kann, ich bin sicher, sie werden es sich nicht anders überlegen.
14. Den Eltern der Schüler wurde für ihre Hilfe gedankt.
15. Ihnen wurde das Haus schon mehrmals gezeigt./Das Haus ist ihnen schon mehrmals gezeigt worden.
16. Wann wird man uns die Neuigkeit mitteilen?
17. Älteren Arbeitnehmern muß geholfen werden, neue Arbeitsplätze zu finden.
18. Es wurde sofort nach dem Arzt geschickt.
19. Er ist sicher, daß man über sein neues Buch sprechen wird.
20. Mein Rat? Nein! Um meinen Rat wird man nicht bitten.
21. Mehrere Prospekte mußten sorgfältig durchgesehen werden.
22. Über seine Probleme hat man nie gesprochen.
23. - Jeder lacht gern über andere. Und jeder haßt es, wenn man über ihn lacht.
    - Das letztere ist natürlich wahr.
24. Mögen es Mädchen, daß man sie anschaut?
25. Viele Probleme lösen sich durch Nichtstun.
26. Dieses Wort schreibt sich mit Doppel-M.
27. Sein Reichtum zeigte sich in der Zahl seiner Autos.
28. Lernt sich Englisch leicht?
29. Diese schwierigen Wörter lassen sich nicht leicht merken.
30. John hat eine sehr kleine Kamera gekauft. Sie läßt sich in die Tasche stecken.
31. Türkisch läßt sich nicht leicht lernen.
32. Das neueste Buch des Autors läßt sich schnell lesen/liest sich schnell.
33. Man sagt, er sei mehr als 90 (Jahre alt).
34. Man glaubt, daß sie in Leeds wohnt.
35. Man erwartet, daß der Streik nächste Woche beginnt.
36. Es ist bekannt, daß der Geschäftsführer viel getrunken hat.
37. Man glaubt/nimmt an, daß die Diebe durch die offene Hintertür hereingekommen sind.
38. Er sollte keinen Alkohol trinken.
39. Er wurde als sehr reich angesehen.
40. Es ist zu hoffen, daß er den Schaden bezahlen wird.
41. Es bleibt abzuwarten, ob er das Problem rechtzeitig lösen kann.
42. Diese Fragen sind nicht im Nu zu beantworten.
43. Was sie betrifft, so ist sie die nächsten zwei Stunden nicht zu stören.

8.6 Lösungen zu Kapitel 6

1. Diese alte Kiste ist für mich zu schwer zum Heben. Wir brauchen mindestens zwei Männer.
2. Diese Schachtel ist nur für alte Zeitungen. Bitte lege dort nicht die neueste Zeitung hinein.
3. Wofür ist dieses Werkzeug?
   Ich kann es dir auch nicht sagen.
4. Was suchte er?
5. Ich hoffe, Sie werden endlich den Schaden bezahlen.
6. Ich fand dieses Haus durch Zufall. Es paßt mir sehr gut/sehr gut zu mir, denn es ist nicht zu groß.
7. Wir kennen ihn (schon) fast zehn Jahre (lang).
8. Seine Wohnung steht (ist) seit insgesamt vier Wochen leer.
9. Ich bin seit einer Woche hier, aber ich habe überhaupt noch nichts gesehen.
10. Sie wartet (schon) seit Stunden.
11. Seit den letzten Tagen leide ich an schrecklichen/schlimmen Zahnschmerzen.
12. Sie hatte drei Jahre (lang) gearbeitet, bevor sie ganz plötzlich heiratete.
13. Wir sind seit sieben Jahren nicht im Urlaub gewesen. Stell dir (mal) vor, unser letzter Urlaub war 1979.
14. Er arbeitete für jene amerikanische Firma nur drei Monate (lang), aber für seine jetzige Firma arbeitet er jetzt schon 10 Jahre lang.
15. Im Juli bin ich hier insgesamt drei Jahre.
16. Der verstorbene Künstler lebte drei Jahre in Hawaii.
17. Du mußt mindestens sechs Wochen in England bleiben, wenn du dein Englisch verbessern willst.
18. Sie kann nicht mit mir mitkommen, weil sie krank ist.
19. Seit wir in unser neues Haus eingezogen sind, habe ich nicht ferngesehen.
20. Wie ist dein Wagen?
    Ich kann es dir nicht sagen. Ich habe ihn erst seit Montag.
21. Wir warten seit Montag auf dich.
22. Ich kümmere mich seit Weihnachten um die Katze unserer Nachbarn.
23. Seit März haben wir Nachbarn aus England.
24. Gehen wir doch spazieren, weil es so ein schöner Tag ist.
25. - John kann, seit er jenen Unfall hatte, nicht mehr arbeiten.
    - Wie ist es passiert?
    - Keine Ahnung.
26. Da wir unsere Rechnung nicht bezahlt hatten, wurde uns die Heizung abgestellt.
27. - Wie sind eure neuen Nachbarn?
    - Oh, nein! Wie kann ich dir das sagen? Die sind seit drei Uhr hier!
28. Der Autor lebt seit 1986 in Liverpool.

8.7 Lösungen zu Kapitel 7

1. Endlich fand ich eine Werkstatt, wo ich sofort mein Auto reparieren ließ.
2. Wir bekamen einen Brief aus Spanien, aber wir können ihn nicht lesen. Deshalb müssen wir ihn übersetzen lassen.
3. Übrigens, wann hast du das Gras mähen lassen?
4. Unser Wagen ist nicht zu dreckig, aber ich werde ihn auf jeden Fall waschen lassen.
5. Ich konnte deine Schreibmaschine auch nicht reparieren. Ich habe es versucht, aber vergeblich. Deshalb habe ich sie reparieren lassen.
6. Wo ist dein langes Haar? Mußtest du es wegen deinem Vater schneiden lassen?
7. Wir lassen im Moment unser Haus anstreichen.
8. Wie oft läßt du dein Auto überprüfen?
9. Tom hat sich gerade in seinem Zimmer einen Computer anschließen lassen.
10. Hat er das Haus selbst gestrichen?
    Nein, im Gegenteil, er hat es kürzlich anstreichen lassen.
11. Sicherlich werde ich sie in der Schule treffen.
12. Sie war neulich zufällig zu Hause, als ich sie anrief.
13. Wer spielt nicht lieber als zu arbeiten?
14. Wahrscheinlich wissen sie nichts darüber.
15. Hoffentlich werden sie eines Tages Erfolg haben.
16. Der Freund meines Vaters ist zufällig mein Chef.
17. Meine Mutter schaut gerne Schaufenster an.
18. Die Mitglieder der Popgruppe werden wahrscheinlich bald eintreffen.
19. Meine Schwester spielte gerne Gitarre, besonders mit Freunden.
20. Ich muß dir leider sagen, daß du recht hast.
21. Offensichtlich macht er weiter(hin) dumme Fehler.
22. Sie wird wahrscheinlich in der Mathematik-Prüfung durchfallen, wenn sie weiter ihre Zeit verschwendet.
23. Offenbar fährt dein Großvater gern Taxi.
24. Du kannst vermutlich später/nachher nicht wiederkommen.
25. Ich kann dir leider nicht helfen.

Bitte hier abtrennen

Haben Sie Vorschläge zu diesem Buch?

Anregungen zur Verbesserung sind uns immer willkommen.
Bitte informieren Sie uns mit diesem Schein.

Ihr Stark Verlag

Titel-Nr.	Seite	Fehler, Verbesserungsvorschlag

Bitte hier abtrennen

Fordern Sie kostenlos und unverbindlich unser Verlagsangebot an:

Gewünschtes bitte ankreuzen

Lernhilfen und Abiturvorbereitung an

- ☐ Gymnasien in Bayern
- ☐ Gymnasien in Baden-Württemberg
- ☐ Gymnasien in Nordrhein-Westfalen
- ☐ Gymnasien in Niedersachsen
- ☐ Berufliche Gymnasien in Baden-Württemberg
- ☐ Fachoberschulen in Bayern

Lernhilfen und Prüfungsvorbereitung an

- ☐ Realschulen in Bayern
- ☐ Realschulen in Baden-Württemberg
- ☐ Wirtschaftsschulen in Bayern

Lernhilfen und Prüfungsvorbereitung an

- ☐ Hauptschulen in Bayern
- ☐ Hauptschulen in Baden-Württemberg

Der Besteller ist:

- ☐ Lehrer
- ☐ Fachbetreuer
- ☐ Seminarlehrer
- ☐ ITG-Lehrer
- ☐ Rechnerbetreuer
- ☐ Stundenplanbetreuer
- ☐ Oberstufenbetreuer
- ☐ Schulleiter
- ☐ Beratungslehrer
- ☐ Sekretariat
- ☐ ____________

an:

- ☐ Gymnasium/Gesamtschule
- ☐ Kolleg
- ☐ Berufl. Gymnasium
- ☐ BOS (auch TO/WO)
- ☐ Fachakademie
- ☐ Fachoberschule
- ☐ Fachschule
- ☐ Berufskolleg
- ☐ Realschule
- ☐ Wirtschaftsschule

Zutreffendes bitte ankreuzen!

- ☐ Berufsaufbauschule
- ☐ Berufsfachschule
- ☐ Berufsschule
- ☐ Hauptschule
- ☐ Grundschule
- ☐ Fachhochschule
- ☐ Universität
- ☐ Volkshochschule
- ☐ Forschungsinstitut
- ☐ Buchhändler

Unterrichtsfächer: ____________

Absender/Versandanschrift: (Bitte in Druckbuchstaben)

Name ____________

Vorname ____________

Straße/Nr. ____________

PLZ/Ort ____________

Bundesland ____________

Schule: (Bitte immer angeben)

Bitte im frankierten Umschlag an uns einsenden.
Für Fensterkuverts geeignet.

VA9

Stark-Verlag
Postfach 1852
D-8050 Freising